EN MANOS DEL NARCO

NOFICCIÓN

> # EN
MANOS
DEL
NARCO

RICARDO RAVELO

EDICIONES B
México, 2016

Barcelona · Bogotá · Buenos Aires · Caracas
Madrid · Miami · Montevideo · Santiago de Chile

Las opiniones, manifestaciones e información de cualquier tipo contenidos en la presente obra, no reflejan en modo alguno la forma de pensar o la posición de cualquier índole de Ediciones B México, S.A. de C.V., ni de sus filiales o funcionarios, ya que son responsabilidad única y exclusiva del AUTOR.

En manos del narco,
el nuevo rostro del crimen organizado

Primera edición: noviembre de 2016

D.R. © 2016, Ricardo RAVELO
D.R. © 2016, EDICIONES B México, S.A. de C.V.
    Bradley 52, Anzures cx-11590, Ciudad de México

ISBN: 978-607-529-101-7

Impreso en México | Printed in Mexico

Todos los derechos reservados. Bajo las sanciones establecidas en las leyes, queda rigurosamente prohibida, sin autorización escrita de los titulares del *copyright,* la reproducción total o parcial de esta obra por cualquier medio o procedimiento, comprendidos la reprografía y el tratamiento informático, así como la distribución de ejemplares mediante alquiler o préstamo público.

*A mis hermanos Marisela, Maritza, Patricia
y Jorge; a mis tíos Jaime, Adolfo y Hugo.
A todos, mi agradecimiento por su gesto
tan humano en momentos tan decisivos.*

Índice

Introducción 11

De Calderón a Peña Nieto:
   los años perdidos 21
Narco: la expansión 47
Los Zetas: amos de la guerra 61
Los Cuinis: el cártel que nadie vio 81
El Chapo: fin de una tragicomedia 101
El miedo a la extradición 115
El Mencho: un sanguinario protegido . . . 143
El Azul: vivir muerto 173
Las andanzas del Güero Palma 187
Veracruz: la anarquía como gobierno . . . 199

Introducción

La evolución del narcotráfico, consecuencia de las guerras fallidas y de la complicidad de los hombres del poder con las redes criminales, es el tema central que se aborda en *En manos del narco*.

Desde el sexenio de Felipe Calderón hasta el actual gobierno, encabezado por Enrique Peña Nieto, el combate al crimen organizado ha resultado un verdadero fiasco, un discurso vacío, palabra hueca. Hoy una realidad perniciosa perturba, y mucho: que los señores del narcotráfico no sólo pelean a sangre y fuego por el control de un negocio boyante ni por rutas privilegiada, ahora están buscando y acaparando espacios en la estructura de poder y, por si fuera poco, se están adueñando de la riqueza del país frente a un gobierno débil, cómplice e infiltrado.

Calderón le declaró la guerra al crimen organizado, pero pronto los efectos negativos comenzaron a verse: el narcotráfico no sólo se fortaleció, sino que se expandió incluso a todo el continente. México se convirtió en un exportador de violencia e inestabilidad para Europa.

Al iniciar el sexenio de Peña Nieto, se cometieron muchos yerros y desatinos que hoy ya tienen consecuencias graves: no se depuraron las dependencias responsables de la seguridad, tampoco las que procuran y administran justicia. La Procuraduría General de la República (PGR) sigue arrastrando los vicios de siempre: la infiltración del crimen organizado y, pese al difícil problema de la violencia, no existe una política clara de combate a la delincuencia. El gobierno sigue atacando las consecuencias y no las causas.

La responsabilidad de muchos gobernadores también ha fallado: algunos han evadido el problema de la criminalidad y su violencia; otros han administrado la situación, unos más han terminado negociando con los grupos delincuenciales para pactar tranquilidad en algunos territorios y a otros los ha desbordado la violencia por incapacidad, complicidad y por no tener los instrumentos para el combate.

Es el caso de Veracruz, donde al final del sexenio de Javier Duarte se encrudeció la violencia a tal grado que ese territorio parece un pedazo de Afganistán en plena guerra. Sobre todo, el sur de ese estado, la zona petrolera más importante de México, donde todos los días ocurren asesinatos, levantones, secuestros y que el crimen organizado ha convertido en un bolsón territorial sin ley ni autoridad: la única norma es la que impone la mafia.

Veracruz está en disputa entre dos cárteles: los Zetas y el cártel de Jalisco Nueva Generación. Los primeros se afincaron en el gobierno de Fidel Herrera Beltrán y continuaron durante el periodo de Javier Duarte. Con el cambio de gobierno, ahora el cártel de Jalisco se acomoda y será la organización criminal que controlará Veracruz, al menos durante los dos años de gobierno de Miguel Ángel Yunes Linares. El cambio de grupo criminal dependerá de quién gane las elecciones en el 2018.

En Michoacán regresó la violencia: matanzas, secuestros e inestabilidad, problemas que parecían paliados, se vuelven a complicar al igual que en Guerrero, Jalisco y Morelos, donde el combate al crimen no ha incluido el desmantelamiento de redes patrimoniales. Se cortan cabezas y se deja impune la estructura operativa, y lo más grave: se mantienen intactas las redes financieras. Nadie decomisa ni un solo peso, lo que debilitaría a la delincuencia en su capacidad de acción y de poder para corromper a las autoridades.

Sinaloa sin Joaquín Guzmán Loera entró en guerra: existe una disputa familiar interna. Hijos, hermanos, tíos, sobrinos y cuñados se están haciendo trizas por el control de la organización, una de las más poderosas del mundo. Se afirma que detrás de esta batalla está la mano de Caro Quintero, quien podría estar financiando a Alfredo Beltrán Guzmán —hijo de Alfredo Beltrán Leyva, el Mochomo— y sobrino de Guzmán Loera.

Es el caso también de Tamaulipas, donde el cártel del Golfo y los Zetas continúan su guerra por el control del corredor Tamaulipas-Nuevo León-Coahuila, uno de los más socorridos por el crimen organizado, donde las operaciones del narcotráfico han estado protegidas durante décadas por el poder en turno.

Sin duda prevalece el grave problema de la complicidad policiaca con el crimen, de ahí que el Estado mexicano carezca de una fuerza real para enfrentar este problema, pues más de 70% de las policías de todos los niveles protegen a las bandas criminales, y en otros casos resulta que los propios comandantes y jefes regionales son los líderes de las organizaciones que han surgido en Guerrero, Morelos y Jalisco, entre otros estados en crisis.

En resumen, en materia de crimen organizado todo está por hacerse en México. La impunidad y la protección oficial siguen siendo un soporte muy poderoso que impide que el país respire tranquilidad. Y a todo el problema de la violencia se suma la debacle económica en la que Peña Nieto ha sumido al país, lo cual desgarra la vida diaria de millones de familias empobrecidas que, por desgracia, terminan enganchadas por la delincuencia.

El crimen organizado avanza y cada vez dispone de más territorio, más control político, más aliados, más armas, más dinero y más poder. No es casualidad que en los últimos diez años hayan surgido tantos cárteles, pequeños y grandes, en zonas ricas en petróleo, gas, litorales, playas y zonas turísticas; en estados mineros donde brilla el oro, la plata y otros recursos valiosos; tampoco es fortuito el hecho de que detrás de cada organización criminal que opera en México —Caballeros Templarios, los Cuinis, los Rojos, Guerreros Unidos, cártel de Jalisco Nueva Generación, la Residencia, entre otros— haya grupos empresariales y políticos financiando y protegiendo sus actividades criminales.

Por todas partes aparecen alcaldes, síndicos, regidores, diputados locales y federales, senadores y hasta gobernadores relacionados con cárteles que controlan un pedazo de territorio y tienen bajo su dominio grandes extensiones de territorio, y con ello el control de la riqueza del país. Es una nueva oligarquía la que pretende apoderarse del país con la complacencia de un gobierno atrofiado por la corrupción y el poder. En cada región hay un Chapo Guzmán o un Mayo Zambada operando con protección, ejecutando órdenes de la mafia de cuello blanco y financiando campañas políticas para mantener el poder y el control de las instituciones. En suma, el control del Estado.

Este fenómeno no es nuevo, pero hace seis años fue advertido y nadie actuó para frenarlo. En el año 2010, el Senado de la República documentó que más de 70% de los municipios de México eran gobernados por políticos que tenían una relación, directa o indirecta, con el crimen organizado y que estos nuevos políticos-criminales irían escalando en la estructura de poder hasta alcanzar niveles muy altos.

Este problema ya es una realidad: en México hoy gobierna el crimen organizado y sus grupos armados, de ahí que las soluciones a los problemas sociales no se resuelvan en muchos casos con las mejores artes de la política y la negociación, sino a balazos. Y como ejemplo mayúsculo ahí está el caso de Iguala, Guerrero, donde los miembros de una pareja ligada al narcotráfico eran los amos y señores de todo un pueblo. Iguala, sin duda, es un reflejo de todo el país.

Actualmente, en México operan unos 25 grupos criminales; algunos de ellos han surgido en los últimos tres años con el respaldo de empresarios y políticos. Muchos de estos nuevos cárteles criminales derivan de las organizaciones que ya están establecidas desde hace varios años, son como brazos, extensiones, ramificaciones, pero que disponen de recursos, armamento, objetivos claros y protección oficial. Cada grupo se nutre de un pedazo del llamado *Estado fallido*, del poder atrofiado y cómplice: de policías, fiscalías, altos mandos militares y grupos empresariales ligados al lavado de dinero.

En el país operan, por ejemplo, el cártel de Tijuana, la organización Beltrán Leyva; los Rojos, Guerreros Unidos, cártel de Jalisco Nueva Generación, Sinaloa, Caballeros Templarios, Zetas, cártel del Golfo, la Residencia, la Familia Diaz Parada, la Familia Michoacana y los Cuinis, por citar sólo algunos.

Del tronco de estos cárteles han surgido una veintena de organizaciones que operan dispersas en todo el país y que generan tanta violencia como inestabilidad en las regiones donde se afincan, de ahí los altos niveles de desequilibrio en la gobernabilidad, pues a base de cañonazos de dinero logran comprar la voluntad de cuanta autoridad les garantice impunidad y libertad de acción.

El crimen organizado, como se ha expuesto, ha alcanzado grandes niveles en el poder, a tal grado que ya se considera un Estado real, una fuerza paralela que ejerce su forma de sometimiento mediante la violencia y que pinta un escenario no sólo caótico, sino desesperanzador. México va camino hacia la consolidación de un Estado mafioso, como ocurrió en Estados Unidos en los años treinta y cuarenta del siglo pasado —donde los grandes capos italianos se convirtieron en amos y señores mediante la violencia y la corrupción— y cuyo fenómeno es cada vez es más claro en todo el territorio mexicano donde mafiosos y políticos conviven en una línea tan estrecha y tenue que hasta parecen ser parte de una hermandad o una cofradía que roba, mata, secuestra, desaparece, saquea la riqueza del país y utiliza el poder político para blindarse y mantenerse intactos mediante pactos de impunidad indestructibles.

R. R.
3 de octubre 2016

De Calderón a Peña Nieto: los años perdidos

Felipe Calderón, quien carga a cuestas la etiqueta de haber sido el presidente de la Guerra de 2006 a 2012, no pudo poner freno a la delincuencia ni a la violencia de alto impacto en el país por más recursos que derrochó en seis años. El Ejército Mexicano quedó expuesto a niveles de corrupción escandalosos y la descomposición policiaca —local y federal— se convirtió en un cáncer hasta hoy incurable.

Las policías en todo el país se convirtieron en verdaderos brazos armados del crimen organizado pagados con dinero público. Se puede decir que cada cártel o grupo criminal tiene su cerco de protección policiaca en cada rincón de la república, pues en la medida en que se multiplican las células criminales en automático surge la necesidad de proteger sus actividades ilícitas.

La de Calderón fue una guerra o batalla contra el crimen organizado que, a la vuelta del tiempo, está bastante cuestionada no sólo por la falta de resultados sino porque detrás de dicha embestida también se escondían intereses oscuros que hoy saltan a la luz: la guerra por el control de los recursos naturales. Llama la atención, por ejemplo, que los choques sangrientos entre cárteles se hayan centrado en estados como Veracruz, Tamaulipas, Guerrero, Michoacán, Sinaloa, Nuevo León, por citar sólo algunos, que son ricos en recursos naturales —petróleo, gas, oro, plata, grandes extensiones de litorales— y que al crimen organizado le interesa tener bajo sus dominios.

Pero estamos hablando de una oligarquía, que parece haber echado a andar una guerra que sólo motivó el surgimiento de un mayor número de células de la delincuencia representadas a la perfección y relacionadas en el todo el país. La mayoría de esos líderes está ligada políticamente o por consanguinidad a altos funcionarios y servidores públicos que son los verdaderos jefes de la mafia en México.

Este escenario, sin duda, es parecido al que vivió Estados Unidos en los años treinta y cuarenta, cuando los mafiosos —en su mayoría italianos— desataron una oleada de violencia y muerte para apoderarse de importantes negocios, hasta ahora muy rentables, como casinos, grandes extensiones de tierras, distribuidoras de alimentos, entre otros, que sirvieron para lavar sus capitales. Se podría decir que en esa época se comenzaban a construir los cimientos de una suerte de estado mafioso con soporte legal.

Un ejemplo actual es Colombia: de enfrentar una guerra férrea contra el narcotráfico —los cárteles de Cali y Medellín se disputaban el control de ese país entre los años ochenta y noventa— la estabilidad surgió tiempo después del propio mal: fueron los mafiosos en el poder los que, por necesidad, establecieron nuevas reglas del juego. Y ahora Colombia es un país con instituciones sólidas y está libre de violencia de alto impacto, pero sigue siendo el principal exportador de cocaína hacia buena parte del mercado consumidor del mundo.

Al no haberse liberado México de las amplias redes criminales, como lo prometió Felipe Calderón, su guerra no puede considerarse exitosa sino un rotundo fracaso. Y es que su herencia fue justamente el mismo problema que, según él, combatió durante seis años: criminalidad, violencia y corrupción. Su compromiso de liberar los espacios públicos para el disfrute social resultó una utopía, pues los territorios siguen bajo el poder del crimen y convertidos en verdaderos campos de batalla, en tanto que otros lugares son auténticos paraísos para ejecutar secuestros —levantones— y realizar extorsiones y despojos de propiedades a personas, con la complicidad de los cuerpos de policía.

Durante su mandato, uno de los más cuestionados de la historia reciente por sus tropiezos y falta de eficacia —jamás se pudieron empatar sus propósitos con los resultados— los cárteles de la droga gozaron de absoluta libertad para operar en México. El cártel de Sinaloa, con Joaquín Guzmán a la cabeza, fue el más claro ejemplo de protección e impunidad durante los gobiernos panistas que encabezaron Vicente Fox y Calderón.

En doce años —quizá los más trágicos de la historia reciente— la organización de Sinaloa alcanzó niveles de poder insospechados: sus tentáculos llegaron a cincuenta países; en territorio mexicano sus reales se afincaron en una veintena de entidades, particularmente del norte, y con absoluta libertad pudo tejer alianzas con diversos grupos: el cártel del Golfo, el cártel de Jalisco Nueva Generación —con el que rompió relaciones tiempo después, desatando una guerra atroz— y los Caballeros Templarios que, bajo el liderazgo de Servando Gómez Martínez, la Tuta, sembró violencia y muerte en Michoacán y buena parte del Pacífico mexicano.

En el gobierno de Felipe Calderón los cárteles no sólo se diversificaron, como ahora, sino que se internacionalizaron: en ese sexenio México, sin duda, comenzó a exportar violencia e inestabilidad a toda América Latina, y no sólo eso, los cárteles mexicanos desplazaron a los colombianos, les quitaron el instrumento del transporte de drogas y optimizaron las rutas más socorridas para el narcotráfico: la del Caribe y la que cruza por el Pacífico. Ambas se conectan con los litorales mexicanos, hasta donde arriban los cargamentos de droga que proceden de Centro y Sudamérica. De igual forma convirtieron a Costa Rica y Guatemala en dos grandes bodegas de almacenamiento de estupefacientes que luego eran trasladados a México, con el apoyo de la policía, para posteriormente introducirlos a Estados Unidos, el voraz mercado de consumo que sigue creciendo.

En los litorales de Costa Rica, Panamá o Guatemala es común ver en altamar a imponentes buques que, según han confirmado las autoridades estadounidenses, llevan entre sus mercancías cuantiosos cargamentos de droga que son desembarcados en lanchas rápidas, capaces de colocar la droga en cuestión de horas en la frontera del sur (Chiapas) —o del Pacífico (Michoacán), para luego introducir dicho estupefaciente que tendrá que llegar a su destino final: Estados Unidos.

También es altamente socorrida la vía aérea, quizá una de las más eficientes. Grandes compañías dedicadas a este rubro son utilizadas para transportar drogas o precursores químicos que, con la complicidad de los altos jefes de las aduanas de México, son introducidos al país. Y todo, absolutamente todo, está protegido en el Aeropuerto Internacional de la Ciudad de México, terminal que ya ha encendido en varias ocasiones las alertas rojas en Estados Unidos justamente por ser un espacio controlado por las mafias del narcotráfico.

Una cosa quedó clara durante el sexenio de Felipe Calderón: el negocio de las drogas se privilegió, a pesar de la numerosa presencia militar, presencia cómplice, por cierto, en muchos puntos del país, en tanto que, por otra parte, la guerra contra el crimen organizado resultó un fiasco en cuanto a resultados porque, por encima del combate a los cárteles, se ponderó otro negocio: el de la guerra. El enemigo y la tragedia tenían que ser más grandes y poderosos que el propio Estado. Y en este escenario desastroso tampoco resulta gratuito el número de muertos: más de 120 mil en seis años y 60 mil desaparecidos. Todo, absolutamente todo, sigue impune.

Sólo una mentalidad bélica podía echar a las calles al Ejército. Cuando el sexenio de Felipe Calderón inició, se desplegaron por todo el país más de 70 mil elementos de las Fuerzas Armadas. El entonces presidente de México decidió —y los resultados acreditan que eso resultó un desatino lamentable— que militarizando al país se combatiría al crimen organizado. La medida, cuestionada en todo el mundo, no dio resultados, pero sí exhibió las carencias de su gobierno: Calderón le declaró la guerra al narcotráfico sin contar con policías, pues estas estructuras estaban ya enganchadas a la protección criminal. El problema era de tal magnitud que incluso se dijo que antes del combate a las redes criminales, el Ejército se estaba enfrentando al cerco protector pagado por el propio Estado: las policías.

Y es que cuando un gobierno echa mano de su ejército para combatir a la criminalidad, muestra su debilidad —nunca su fortaleza—, lo cual quiere decir que se utiliza el último eslabón de la seguridad y que no tiene más recursos que la fuerza bruta. Y así fue: tanto la Marina como los soldados del Ejército pocas veces realizaban detenciones. Su tarea fue matar o desaparecer a los delincuentes. De ahí que a nivel internacional se abrieron cientos de expedientes en contra de las Fuerzas Armadas por delitos de lesa humanidad, pues fue evidente que se violaron los derechos humanos tanto de delincuentes como de inocentes.

Nada pudo hacerse, pues, para frenar al narcotráfico: era claro que la protección al crimen organizado provenía del propio poder político, policiaco y de buena parte de la estructura empresarial ligada al narco. Fue en ese sexenio precisamente cuando salió a flote información más clara sobre la complicidad de alcaldes, gobernadores, diputados y senadores con el crimen organizado. El propio Senado de la República documentó en 2010 que más de 80% de los presidentes municipales de México habían llegado al poder con el apoyo de la delincuencia y que una vez entronizados no tenían otra alternativa más que ceder y ceder en todo: otorgar una cuota mensual, entregar toda la obra pública, la protección policiaca para que las células del crimen incrementaran sus negocios con las drogas, desarrollaran la industria del secuestro, se apoderaran de mayores territorios e impusieran una hegemonía política y delictiva que hoy parece indestructible. En suma, era como establecer la estructura de otro Estado: el mafioso.

Cuando estaba por concluir el gobierno Calderón, después de seis años de guerra, seguían en pleno ascenso los cárteles del Golfo, los Zetas, de Tijuana, la célula Beltrán Leyva, el de Jalisco Nueva Generación, el de Sinaloa, la organización Díaz Parada, los Caballeros Templarios, el cártel de Juárez y su brazo armado, la Línea, así como la Familia Michoacana, entre otros grupos poderosos.

Figuras como Juan José Esparragoza Moreno, el Azul; Ismael «el Mayo» Zambada y Joaquín Guzmán Loera, siguieron siendo los hombres intocables en la guerra de Calderón. Y fue justamente con él que el cártel de Sinaloa se convirtió en la organización más hegemónica del planeta. Su jefe, el Chapo Guzmán, llegó a ser el segundo hombre más buscado del mundo, después de Osama Bin Laden, el terrorista más perseguido por el gobierno de Estados Unidos.

El sexenio de Calderón terminó como inició: en medio de la guerra, entre balaceras y muertos. Enrique Peña Nieto, producto de Televisa, se aprestaba a tomar posesión como presidente de México en diciembre de 2012 en un escenario de inestabilidad social. Había ganado las elecciones con amplio margen, no sin cuestionarse el financiamiento de su campaña, atribuida públicamente a fuentes no del todo acreditadas ni transparentes.

Tan pronto como se acomodó en la silla presidencial, Peña Nieto cambió algunas piezas sustanciales en el combate a la criminalidad: su gobierno no siguió la estrategia monotemática de Calderón, pues de inmediato ordenó que del discurso oficial desaparecieran las palabras «guerra contra el crimen organizado» y con el paso de los meses el tema de la delincuencia fue borrado de toda referencia. Incluso no volvió a ocupar un espacio en la agenda pública oficial. Esta decisión, desatinada, por cierto, fue como pretender borrar la realidad por decreto.

Mientras en las calles los grupos criminales seguían batiéndose a sangre y fuego por el control de territorios y rutas, Peña Nieto y su gabinete central de seguridad guardaban silencio. Era como si no pasara nada, aunque por todas partes los grupos delincuenciales perpetraban secuestros, levantones, balaceras, ajustes de cuentas y matanzas, en tanto el gobierno de Peña Nieto, que comenzó a gobernar de la mano de Televisa, no hacían referencia a toda esta masacre que inundaba de sangre al país.

Ataviado con la banda presidencial, encapsulado en las vitrinas blindadas del poder, mareado por el vértigo de un porvenir ilusorio, Peña Nieto pronto dejó de ver al país y su escenario trágico. Su atención se centró en lograr una opulencia personal y familiar, como ya quedó demostrado. Habló de grandes proyectos para México —un aeropuerto, vías de trenes, la Reforma

Energética con la que el país superaría todos sus rezagos, la Reforma Educativa con la que México saldría de su atraso— pero al inicio de su mandato evadió la mirada del arraigado problema del crimen organizado. No quiso ver el caos y éste lo devoró.

Más tarde su gobierno concretó detenciones importantes, entre otras, la de Vicente Carrillo Fuentes, el Viceroy, hermano de Amado Carrillo y jefe del cártel de Juárez; Héctor Beltrán Leyva y Joaquín Guzmán Loera. Este último resultó un verdadero conflicto para Peña Nieto: se fugó del penal de La Palma a través de un túnel construido por personal de la Comisión Nacional del Agua y, aunque fue reaprehendido, Peña no pudo resolver el problema de la violencia desatada por el crimen y menos salvar esta afrenta. En el discurso presidencial los temas de estabilidad y paz social quedaron totalmente anulados por una realidad avasalladora.

Sus ambiciones sin límites sepultaron a Peña Nieto. Sus buenos propósitos —si los tuvo— se estrellaron por la corrupción desmedida de su familia y la de él mismo. El engaño y el doble discurso, propios del priista de viejo cuño, fueron su estandarte político. El resultado es claro: un país sin rumbo y sumido en la miseria. La Casa Blanca —baluarte de su corrupción— y el secuestro de 43 estudiantes de la escuela normal de Ayotzinapa enterraron a su gobierno y todos los intentos por construir una gestión con credibilidad, pues apoyado en Televisa —la subsidiaria de la Presidencia de la República— pronto fue motivo de rechazo y desaprobación social, pues Peña Nieto arrastraba otro problema que se agravó: su discurso nunca se fincó en los hechos.

Las realidades que imaginó y que construyó se desmoronaron en el vacío.

En los primeros tres años de gobierno, fue claro que el regreso del PRI al poder era lo mismo de siempre. Y muy pronto dio muestras de que ese partido nunca cambió, de que se trataba del mismo PRI corrupto, mentiroso y represor de toda crítica. Sin política criminal detrás, ni hombres probos en la materia, en tan sólo un trienio el crimen organizado se reconfiguró rápidamente y surgieron nuevas organizaciones delincuenciales que rápidamente se fortalecieron y alcanzaron gran poder en buena parte del país.

La llamada Insurgencia criminal cobró un mayor auge en el gobierno de Peña Nieto, pues se demostró que el narcotráfico y el crimen organizado en general ya eran parte del poder: gobernaban en cientos de municipios, tenían el control de las cárceles, dominio territorial en zonas ricas de recursos naturales —un verdadero botín para la delincuencia— y el control policiaco y de buena parte de las instituciones del Estado.

Es claro que otra estructura de poder paralela a la oficial se construía a sangre y fuego en todo el país. El Estado mafioso comenzaba a ser una realidad. Los grupos oligopólicos se apoderaban de la riqueza teniendo como escudo la impunidad y como instrumento la guerra, ministerios públicos cooptados, fiscalías infiltradas, jueces amenazados, gobernadores y legisladores cómplices y una estructura policiaca a su servicio.

Y es que el desastre que enfrenta el país en materia de inseguridad y expansión del crimen organizado en parte es consecuencia de las fallas de los órganos de inteligencia y de sus propios asesores. Desde el año 2011, cuando Peña Nieto era gobernador del Estado de México, la inteligencia mexicana advirtió que la criminalidad iría en aumento y que el estado de Guerrero sería el epicentro de una nueva expansión criminal para el país con el surgimiento de nuevos grupos que amenazaban la seguridad nacional.

En realidad, la desgracia que enfrenta el país en materia de seguridad tuvo que ver con la desatención del gobierno de Peña Nieto a las alertas que se presentaron al finalizar el gobierno de Calderón y que fueron desoídas o no tomadas en cuenta por el nuevo grupo que arribó al poder en diciembre de 2012. Siendo la seguridad el principal reclamo de la sociedad, según constató Peña Nieto en su campaña, sus hombres de mayor confianza guardaron silencio ante los focos rojos que se encendieron por todas partes. Y la omisión fue por desconocimiento o por corrupción.

El Centro de Investigación y Seguridad Nacional (Cisen) elaboró un amplio informe sobre la expansión de la delincuencia organizada en Guerrero, que sirvió de pauta a las tropas federales que encabezaron el operativo Guerrero Seguro (esto en el gobierno de Felipe Calderón, se aclara). El caso es que, a pesar de que el documento da cuenta quienes estaban al frente de las nuevas redes criminales, en realidad ninguna autoridad hizo nada para detenerlas, ni durante el sexenio de Calderón ni en los primeros dos años del gobierno de Peña Nieto. Y esto tuvo sus consecuencias lamentables, como posteriormente se pudo constatar.

Casi al cierre del año 2011, las secretarías de Marina y de la Defensa Nacional, dependencias que entonces integraban el llamado Grupo de Coordinación Guerrero (GCG) tuvieron información puntual y oportuna que advertía: las familias Pineda Villa y Casarrubias Salgado, de amplio arraigo en Guerrero, formaban parte del cártel conocido como la Familia Michoacana, el cual más tarde devino en lo hoy es el temible cártel Guerreros Unidos.

Elaborado por el Cisen, el informe titulado Presencia de la Delincuencia Organizada en Guerrero —que se nutrió con información de la Octava y Novena Zona militar— desplegó todo un operativo sigiloso para conocer el *modus operandi* de la nueva organización criminal y sus piezas centrales, su radio de acción y sus complicidades dentro y fuera del poder político en Guerrero.

El documento fue obtenido en su momento por el entonces gobernador de Guerrero, Ángel Aguirre Rivero, quien no vaciló en advertir públicamente, cuando la crisis de gobernabilidad puso en evidencia sus desatinos, que él recibió un gobierno infiltrado por el narcotráfico. Sin duda se refería a la administración que encabezó su antecesor, el perredista Zeferino Torreblanca Galindo.

El informe del Cisen que el gobierno de Peña Nieto evadió ponía en sentido el escenario criminal que, más tarde, derivaría en el secuestro de los estudiantes de Ayotzinapa y toda la ola de violencia que envolvió a Guerrero, Michoacán, Morelos, Estado de México, Guanajuato y Jalisco.

Los datos son precisos: territorio estratégico para el cultivo de amapola y, en menor medida, mariguana, así como para el arribo marítimo de drogas y creciente centro de consumo, el estado de Guerrero se convirtió en un territorio que está aún bajo disputa de los cárteles del Golfo, Pacífico, la Familia Michoacana, los Zetas y la organización que fundaron los hermanos Beltrán Leyva.

Para explicar las razones de la violencia encarnecida, el informe de inteligencia aborda antecedentes sustanciales para entender la evolución criminal: expone, por ejemplo, que desde el año 2005 los hermanos Beltrán Leyva iniciaron la guerra en contra de los cárteles del Golfo y los Zetas. Los primeros, dice, se aliaron a la banda conocida como los Pelones, quienes quedaron bajo el mando de Édgar Valdez Villarreal, la Barbie, aprehendido en 2010 después de un incidente de tránsito.

Tres años después, en 2008, la violencia se agudizó en Guerrero y en las entidades vecinas, como consecuencia de la ruptura entre los hermanos Beltrán Leyva y el cártel del Pacífico: Arturo Beltrán, asesinado en Morelos en 2009, había fracturado sus vínculos con Joaquín Guzmán Loera e Ismael Zambada García, el Mayo. Tras la muerte de Arturo Beltrán, Héctor Beltrán Leyva se hizo cargo de la organización y conformó un frente para frenar al cártel de Sinaloa: nombró a Sergio Villarreal Barragán, el Grande, su representante en Morelos. Así hizo frente a los embates de Valdez Villarreal tanto en Morelos como en Guerrero. Pero pronto hubo diferencias. Sergio Villarreal rompió relaciones con Héctor Beltrán. Mermados en sus fuerzas y relaciones, los Beltrán, en otro tiempo amos y señores de Guerrero, fueron echados de territorios importantes como Costa Grande, Tierra Caliente y otras demarcaciones de la zona norte, por parte de dos grupos temibles y violentos: la Familia Michoacana y el cártel del Pacífico. Valdez Villarreal terminó afincado en Acapulco, donde desplegó su poder a base de sangre y fuego.

Pero este esplendor fue fugaz: la Barbie fue detenido y el grupo criminal que encabezaba sufrió división, y con ello surgieron nuevas ramificaciones criminales. Uno de ellos fue el cártel Independiente de Acapulco que muy pronto entró en rencillas con Carlos Montemayor González, apodado al Charro e identificado como suegro de la Barbie. El otro grupo, que terminó ligado al cártel del Pacífico, se autodenominó la Barredora. Integrado por sicarios sin piedad, reforzó sus cuadros al sumar a sus filas a un grupo armado tan poderoso como los Zetas: el Comando del Diablo. Este grupo se enfrentó al cártel Independiente de Acapulco y comenzó a ocupar territorios claves para el tráfico de drogas. En la Costa Grande se enfrentó a los Granados y a los Titos, grupos locales que surgieron ante el vacío de poder político que se agravó en Guerrero y que fue el principal detonador de una crisis nacional de inseguridad y violencia.

El diagnóstico del Cisen, que en realidad fue el foco de advertencia que nadie quiso ver, aporta detalles finos sobre las operaciones criminales en Guerrero y buena parte del Pacífico mexicano. Establece, por ejemplo, que en la región norte el territorio está bajo el mando de grupos como los Rojos y el llamado Cártel de la Sierra. Ambas organizaciones tienen líneas de identificación con la organización Beltrán Leyva y sus enemigos acérrimos son los cabecillas de la Familia.

Durante el gobierno de Ángel Aguirre Rivero, y posterior a esa administración, el municipio de Acapulco —el más popular centro turístico de México— fue el que más asesinatos registró en Guerrero, de acuerdo con el informe del Cisen. Un total de 30 ejecuciones diarias fue una cifra récord en esa etapa cruenta de ingobernabilidad y violencia.

La violencia se complicó aún más tras la detención de la Barbie, lo que devino en mayor violencia, y a que el cártel Independiente de Acapulco se deviniera en dos grupos: el primero lo encabezan Carlos Antonio Barragán Hernández, el Melón; Benjamín Flores Reyes, el Padrino (detenido en 2010) y Moisés Montero Álvarez, llamado el Coreano, ex policía ministerial que fue capturado en 2011.

El segundo grupo, conocido como la Barredora, lo conforma, de acuerdo con el informe de inteligencia, Cristian Hernández Tarín, el Cris, y Eder Yair Sosa, apodado el Cremas y/o el Metro, quienes se aliaron con Joaquín Guzmán Loera, el Chapo, cuando encabezaba el cártel de Sinaloa.

Según el informe, una nueva generación de narcos ocupó posiciones importantes en Guerrero y en buena parte del país. La mayoría tenían antecedentes y buenas credenciales en el narcotráfico: Cristian Hernández, el Cris, por ejemplo, es hijo de Arturo Hernández González, quien durante algún tiempo fungió como lugarteniente de Amado Carrillo Fuentes, el Señor de los Cielos, jefe del cártel de Juárez entre 1993 y 1997.

Arturo también fue jefe de sicarios de Ismael «el Mayo» Zambada, actual jefe del cártel de Sinaloa. En 2003 fue detenido y obtuvo su liberación una década después.

La radiografía criminal del Cisen sostiene que tras la caída de algunos personajes surgieron otros, o bien las organizaciones cambiaron de nombre. Es el caso de Moisés Montero Álvarez, el Coreano: tras su captura, el grupo que encabezaba se transformó y surgió el que se autodenominó la Nueva Administración, que opera bajo el mando de Víctor Aguirre Garzón, expolicía federal, preso durante 17 años y quien retomó el poder en el crimen organizado con el respaldo de Héctor Beltrán. Actualmente Aguirre controla el narcotráfico en Acapulco; según el informe oficial, tiene cautivo el mercado de distribución en lo que se conoce como Parque Papagayo, Caleta, Mozimba y Pie de la Cuesta, una de las principales áreas turísticas de esa ciudad.

Por otra parte, surgió el llamado Comando del Diablo, ligado al Chapo Guzmán en sus tiempos de jefe de Sinaloa y que, al igual que la Barredora, sus integrantes son originarios de Guerrero y Sinaloa y tienen un perfil similar: violencia extrema. Suelen descuartizar a sus víctimas como estrategia de terror para infundir miedo a los grupos rivales y a la población.

El informe oficial, que retrata la realidad criminal en Guerrero, sostiene que la región centro de esa entidad la conforman los municipios de Chilpancingo y Chilapa de Álvarez, donde dos personajes —José Nava Romero y Natividad Figueroa Ávila— son identificados como los líderes llamado Cártel de la Sierra, ligados a la estructura criminal de los Beltrán Leyva. José es hermano de Jesús Nava Romero, el Rojo, fallecido en 2009 durante una balacera contra elementos de la Marina en el estado de Morelos, en la que murió Arturo Beltrán. En la ciudad de Chilapa, según el informe, opera Zenen Nava Sánchez, el Chaparro, quien controla el tráfico de drogas en su zona de influencia y se le atribuyen decenas de muertos en esa región guerrerense.

En el municipio de Quechultenango manda el grupo conocido como los Ardillos, que durante algún tiempo estuvo bajo el mando de Celso Ortega Jiménez, el Ardillo. En enero de 2011 fue ejecutado. El capo tenía protección política: su hijo, Bernardo Ortega, fue diputado local por el Partido de la Revolución Democrática.

En la región de Tierra Caliente existe una alianza estratégica entre el cártel de los hermanos Beltrán Leyva y los Zetas, representados por el cártel del Pacífico Sur, dirigido por los hermanos J. Cleotilde y Fermín Toribio Rentería, así como Euclides Camacho Goicochea, el Quilles, hermano de un personaje referido en los informes de inteligencia como Elí, quien en 2011 fue alcalde de Coyuca de Acatlán, un territorio gobernado y habitado por criminales de altos vuelos.

En distintas etapas, y sin importar las siglas del partido que gobierne el estado de Guerrero, el narcotráfico ha estado presente mediante diversos cárteles, cuyos jefes se han relacionado con el político en turno: el alcalde, el gobernador, el diputado local, el delegado federal de una dependencia, por ejemplo, con cuyas relaciones suelen ganar poder y, sobre todo, mantenerse impunes.

Desde el gobierno de Rubén Figueroa —padre e hijo—, pasando por José Francisco Ruiz Massieu —excuñado de Carlos y Raúl Salinas—, Ángel Aguirre Rivero, entre otros mandatarios, todos sin excepción han tenido líneas de entendimiento con el crimen organizado. De otra manera no se explica el poderío que han desarrollado en Guerrero, un estado rico en el cultivo de amapola y mariguana, y cuyos sembradíos, localizados en diversas zonas de la sierra, tienen protección, incluso oficial.

Los presidentes municipales, de igual forma, han llegado al poder político financiados de diversas formas por los grupos ligados al crimen organizado, lo que los ha comprometido a pagar los favores con impunidad y protección para esas redes criminales.

La radiografía del Cisen así lo establece en sus puntos medulares. En el año 2011, señala el informe, la Familia Michoacana incrementó su presencia en varios municipios de Guerrero bajo el liderazgo de Rodolfo Maldonado Bustos, también conocido en el mundo del hampa como José Pineda. Este personaje inició desde los peldaños más bajos y pronto ascendió en el escalafón criminal: llegó a ser el cuarto hombre más importante de ese cártel.

Nativo de Ojo de Agua, municipio de Cutzamala de Pinzón, Maldonado tenía influencia en Huetamo, San Lucas Michoacán, Cutzamala de Pinzón, Coyuca de Catalán, Tlapehuala, Tlalchapa y Arcelia. Unos de sus principales enlaces en la demarcación de Jaripo, municipio de Coyuca de Catalán, es Reynaldo Pineda Chávez. Según la radiografía criminal del Cisen, este hombre tiene bajo su mando a unos cincuenta sicarios —todos fuertemente armados con fusiles de alto poder—, quienes se encargan de cobrar el llamado derecho de piso en Coyuca de Catalán y en decenas de comunidades rurales. Su argumento es que tanto ganaderos como pequeños y medianos comerciantes «tienen que pagar su cuota para que no les pase nada y cuenten con seguridad».

Tanto el cártel del Pacífico Sur como la Familia Michoacana cuentan con diversos operadores, la mayoría jóvenes dispuestos a todo, que tienen asignada la tarea de realizar extorsiones a comerciantes, empresarios, dueños de establecimientos comerciales, casas de empeño, administradores de gasolineras y empresas distribuidoras de cerveza —Modelo y Cuauhtémoc Moctezuma han sido víctimas de estos atracos— a cuyo personal amenazan con desaparecerlos o asesinarlos si no les pagan determinada cantidad mensual. «Nosotros vendemos protección», les dicen.

Según el informe, la forma de operar varía. Otra modalidad es la siguiente: su labor es contactar, vía telefónica, a quienes en tono amable les señalan que necesitan dinero para mantener a su gente a cambio de garantizar su protección para que no sean objeto de secuestros o extorsiones de algún grupo rival. El negocio resulta muy rentable para ellos. Según el informe, por esta vía obtienen ganancias de unos 300 mil pesos mensuales.

Pero este no es el único cártel que opera en la zona de Guerrero. Otros municipios importantes de esa entidad, enclavados en lo que se conoce como Costa Grande, como la Unión de Isidoro Montes de Oca en Tecpan de Galeana, Petatlán, Atoyac de Álvarez y Coyuca de Benítez, que están bajo el yugo de la organización Beltrán Leyva. Los representantes de este grupo criminal, de acuerdo con el informe de inteligencia, son Salvador Granados, Rosendo Barrera Soberanis, Miguel Marroquín, llamado el Rengo y José Ángel Pineda, el Calentano.

Cada zona tiene mandos, como queda claro en el informe, pues en Petatlán, Tecpan de Galeana, Zihuatanejo de Azueta y Coahuayutla de José María Izazaga opera la Familia Michoacana y su representante tiene nombre y apellidos: Andrés Salgado Ávila, el Bobo, quien domina la zona junto con otro grupo con el que han establecido acuerdos: los Cuernudos.

A lo largo de muchas décadas, en el estado de Guerrero el narcotráfico y la política han estado mezclados. Y en este esquema político y criminal familias enteras han sobrevivido impunes, dedicadas al negocio de las drogas y cobijados al amparo del poder. En el mes de octubre de 2011, de acuerdo con el informe oficial, la región Costa Chica era dominada por los hermanos Beltrán Leyva. El representante era Antonio Añorbe Jiménez, llamado el Tigre, quien es originario del municipio de Cuajinicuilapa. Este personaje dominaba el mercado de la cocaína en demarcaciones como Marquelia, Ometepec, Juchitán, Copala, Igualapa, Azoyú y San Luis Acatlán.

El informe describe cómo operan los grupos del crimen organizado afincados en esta zona: «Los Beltrán Leyva y sus socios los Zetas delimitan su área de operación desde el estado de Oaxaca hasta Acapulco; tienen puestos de operación protegidos en Salina Cruz, Huatulco, Puerto Escondido, Pinotepa Nacional, Oaxaca; Cuajinicuilapa y Marquelia. En esta franja, de unos 500 kilómetros, se ubica la carretera federal 200, tramo Acapulco-Salina Cruz, y estas vías están bañadas por playas que habitualmente se utilizan para el desembarque de cargamentos de droga que arriban al país por la vía marítima y mantos lagunares».

En la región Montaña —añade el diagnóstico del Cisen— el representante de los hermanos Beltrán Leyva era Enterbio Reyes Bello. Sus antecedentes indican que pertenece al PRI y ese partido lo respaldó para ser presidente municipal de Copanatoyac. Pero su ascenso criminal y político fue frenado a balazos: el 6 de abril de 2011 lo ejecutaron. Su lugar fue ocupado por Jorge Aguilar Vázquez, su cuñado, quien lo sustituyó en la presidencia municipal y también en la plaza vacante que dejó como representante de los Beltrán Leyva. Vázquez también milita en el PRI.

Otros miembros distinguidos del PRI en Guerrero también están metidos en el negocio de las drogas, de acuerdo con el diagnóstico criminal. Es el caso de Silvino Viterbo Vázquez, quien fue dirigente municipal de dicho partido en Metlatónoc. Además de estar dedicado a la política, tiene otro negocio boyante: la compra y venta de goma de opio y el robo de autopartes, ejercicio que desarrolla con la complicidad de sus hermanos Arturo y Viterbo Vázquez y de Raúl Gálvez Viterbo. En la red criminal también participa Paulino Viterbo, su hijo.

Esta familia, según la radiografía, trabajan para la misma organización criminal pero no militan en el mismo partido. Los hermanos Viterbo Vázquez son vástagos de Felipe Viterbo Allende, quien fue síndico procurador del Ayuntamiento de Metlatónoc por el PRD.

Distintas regiones de Guerrero están divididas y dominadas por clanes ligados a la política —son caciques de larga antigüedad— y al narcotráfico. En la región Norte domina la Familia Michoacana y su representante es un personaje al que se le identifica como Rey. Este sujeto controla el municipio de Iguala. Y tiene operadores: Ismael Salgado, el Mai, y José López Cázares, el Guache. Ambos estuvieron presos. Otro miembro de este clan es Abraham Alemán García, quien fue director de Seguridad Pública de Iguala. Su antecesor, Felipe Flores Vázquez, carga con un antecedente criminal: se le vincula con la desaparición de 43 normalistas de Ayotzinapa, en septiembre de 2015.

Al realizar la radiografía del narcotráfico en Guerrero, el Cisen desenredó parte de la madeja de complicidades entre las policías, el narcotráfico y varios políticos locales. Entre los criminales de alto rango se menciona a Eruviel Salado Chávez. Este sujeto fue subcomandante operativo de la policía local en el año 2011. Después fue mando de la Policía Preventiva. Dos de sus aliados para los negocios sucios son Osvaldo Ramos Espinoza y José Balladares Menez.

El Cisen identificó a dos grupos más ligados al crimen organizado que se han apoderado de la vida de poblaciones enteras. En Apaxtla de Castrejón el narcotráfico tiene como representante a Delfino Delgado Hurtado, quien es productor y distribuidor de drogas. Está aliado al dúo criminal Beltrán Leyva-Zetas. El otro bando está encabezado por Lorenzo Trujillo Sotelo, el Lencho, y Pablo Montúfar Trujillo. Ambos son las cabezas visibles de la Familia Michoacana.

En Teleolapan el jefe de la plaza, según el informe del Cisen, es Ángel Casarrubias Salgado. Y sus secuaces son Francisco Romero Rabadán y las hermanas Eliut y Guadalupe Romero Romero. Oriundos de Teloloapan, Ángel, Adrián y Sidronio Casarrubias Salgado son hermanos de Mario Casarrubias, fundador del cártel Guerreros Unidos, quien solía ser visto en Mérida y Querétaro, así como en algunas poblaciones del Estado de México. Mario Casarrubias había desarrollado todo un imperio criminal al amparo de gobernadores, alcaldes y empresarios vinculados con el narcotráfico. Su ascenso fue vertiginoso gracias al respaldo político y policiaco.

Sin embargo, su buena estrella se apagó. El 30 de abril de 2014, el entonces Comisionado Nacional de Seguridad Pública, Monte Alejandro Rubido, informó sobre la captura de Mario Casarrubias, quien fuera miembro del cuerpo de seguridad de Arturo Beltrán Leyva —abatido en Morelos en 2010— y quien era considerado unos de los capos más violentos del país.

Lo curioso de este caso es que, a pesar de ser un criminal de alta peligrosidad y pieza clave de la seguridad de Arturo Beltrán, nunca se le incluyó en ninguna lista de los hombres más buscados. Tampoco sus hermanos ni la familia Pineda Villa, considerados políticos y criminales, hasta después de ocurridos los hechos de Iguala. Tuvo que suceder el secuestro y posible muerte de los 43 normalistas para que el Gobierno Federal intentara desenredar la compleja madeja criminal y política que por años operó protegida por el poder político central.

2
Narco:
la expansión

EL CÁRTEL DE SINALOA ALCANZÓ EL MÁS ALTO ESplendor como organización criminal en la era panista de Vicente Fox y Felipe Calderón. Bajo el liderazgo de Joaquín Guzmán Loera, el Chapo, quien se fugó de una prisión de máxima seguridad por primera vez en enero de 2001 —apenas unos días después de que Fox tomó posesión como presidente de la República— y pronto tejió sus alianzas para acabar con los hermanos Carrillo Fuentes, declararle la guerra a los Zetas y posicionarse como el amo y señor del crimen organizado en el mundo.

Por aquel tiempo, el cártel de Sinaloa aglutinó a figuras emblemáticas como Juan José Esparragoza Moreno, el Azul —supuestamente muerto por causas naturales, aunque ninguna autoridad nacional ni extranjera lo ha confirmado—; Ismael Zambada García, el Mayo, poderoso socio de Guzmán Loera y con larga historia criminal; Ignacio Coronel, Nacho, asignado a la plaza de Guadalajara.

Los hermanos Beltrán Leyva —clan integrado por Arturo, Héctor y Alfredo (los últimos dos detenidos y el primero ejecutado en Morelos en diciembre de 2009) formaron parte del cártel de Sinaloa gracias a que eran estrechos amigos de Guzmán Loera y a que este grupo criminal controlaba varios estados: su radio de acción incluía Sinaloa, Aguascalientes, Guerrero, Sonora, Durango, Nayarit, Jalisco y Morelos.

Más tarde, con las gestiones de Ignacio «Nacho» Coronel y de Esparragoza Moreno, el Azul, casi se consolidó el viejo sueño de los miembros del cártel de Sinaloa: constituir una federación de narcotraficantes, esto es, crear un solo frente y así acabar con la violencia entre los cárteles. Y este viejo proyecto de Esparragoza casi se logra porque hacia el año 2005 ese grupo se alió con sus viejos rivales del cártel de Golfo, lo que orilló a los Zetas, entonces un brazo armado de los del Golfo, a independizarse, y fue así como surgieron como una organización muy poderosa y violenta que diversificó sus actividades criminales, pues no sólo traficaban con droga sino que comenzaron a obtener importantes utilidades mediante el tráfico humano, la venta de protección, las extorsiones, secuestros, trata de personas, las carreras de caballo y la compra de equinos pura sangre como instrumentos para lavar dinero, entre otras modalidades delictivas rentables que enriquecieron su portafolio de negocios.

Eran las épocas en que, protegido por el sistema político mexicano, Guzmán Loera se paseaba por todo el país, aunque se dijera que se le perseguía. En realidad, el jefe del cártel de Sinaloa no era molestado, por el contrario, se le protegía y muy bien.

Era común ver a Guzmán Loera en restaurantes de lujo pagando las cuentas de los comensales a quienes despojaban de sus celulares. Y esto ocurría no porque temiera que lo detuvieran —sus arreglos con el poder eran sólidos entonces—, sino porque temía ser asesinado por sus rivales acérrimos. Tales eventos ocurrieron en Chihuahua, Torreón, así como en otras ciudades del norte del país y en Veracruz. En este último estado circuló una versión jamás desmentida por autoridad alguna: que Guzmán Loera arribó al café de La Parroquia. Sus personeros solicitaron a los parroquianos entregar sus celulares. El café fue cerrado, el Chapo procedió a cenar. Al terminar pagó la cuenta de todos los asistentes y, acto seguido, entregaron los celulares a sus respectivos dueños. Luego, con la tranquilidad de un comensal más, salió por una de las puertas, abordó una camioneta y se perdió entre las claroscuras calles del puerto de Veracruz. Otras versiones sostienen que este hecho también ocurrió en la sucursal que La Parroquia tiene en la ciudad de Xalapa, capital de ese estado.

Los dominios del cártel de Sinaloa en Michoacán —cuyo conflicto bélico tuvo que ver con la disputa territorial y el sólido andamiaje político y criminal que por años se tejió en ese estado— se ampliaron a raíz de su alianza con el cártel de los Caballeros Templarios.

Los Templarios no son otra cosa más que una derivación de la Familia Michoacana y de otro grupo conocido como la Empresa, que era un ramaje de los Zetas, el cual sufrió escisiones y fracturas debido a la disputa interna por el poder de la organización. La versión conocida como los Caballeros Templarios fue el resultado de todos esos reacomodos de fuerzas que, bajo el liderazgo de Kike Plancarte —ejecutado en 2014—, Dionisio Loya Plancarte, el Tío y Servando Gómez, la Tuta, alcanzaron gran poder en Michoacán con el apoyo del gobierno del estado y de la policía estatal.

Lo mismo asesinaban a rivales y despojaban a empresarios de sus propiedades, que secuestraban a personas pudientes gracias al apoyo que la policía estatal les brindaba. Tenían bajo su control nada menos que el sistema de inteligencia conocido como C-4, el cual se instaló en varios estados para abatir a la delincuencia. Los Caballeros Templarios penetraron este aparato y lo tomaron para usarlo con fines criminales. No era cosa menor: era el instrumento de inteligencia de la policía.

Con este aparato en su poder, daban seguimiento a sus víctimas mediante las cámaras instaladas en calles y grandes avenidas. Seguían a sus propios miembros, para ver si no había traiciones, y a personas que se convertían en blancos de secuestros. En resumen, la industria del secuestro se volvió más rentable cuando se detectó que para perpetrar esos plagios se utilizaban herramientas oficiales, además de policías.

Lo mismo ocurrió en Morelos, Jalisco y Guerrero, entidades controladas por los Caballeros Templarios y por el cártel de Jalisco Nueva Generación, grupo criminal encabezado por Nemesio Oseguera, el Mencho, el cual surgió originalmente como una extensión del de

Sinaloa. Hoy son un cártel independiente con presencia y dominio en diez estados.

En Michoacán, la etapa de esplendor de los Caballeros Templarios fue tan amplia como su saña y la violencia que desataron en este golpeado estado. Servando Gómez Martínez, la Tuta y/o el Profe tomó el liderazgo de esa organización criminal hacia el año 2012, y tres años después, este criminal —uno de los más sanguinarios y crueles del hampa, que solía filmar videos con sus cómplices para luego exhibirlos públicamente— fue detenido por la policía.

Las operaciones para lograr su captura se complicaron para el gobierno de Enrique Peña Nieto, pues la Tuta —quien poco antes de caer en desgracia todavía cobraba como maestro en el sistema magisterial— tenía una movilidad bárbara dentro y fuera de Michoacán. Se cambiaba de casa cada mes y en otros sitios duraba menos tiempo viviendo. Todo dependía del grado de riesgo que él percibiera.

Cuando salía a la calle, lo hacía disfrazado de anciano: pelo blanco largo, barba crecida, cuello envuelto en una bufanda y caminando lentamente, como si tuviera el esqueleto fracturado. Así avanzaba unos metros y abordaba un vehículo, en el cual, algunas cuadras más adelante, se despojaba de su atuendo impostado para convertirse en el criminal que era y así proceder a visitar a alguna víctima, ya para ser secuestrada o bien para extorsionarla.

Como muchas otras capturas, la de Servando Gómez, la Tuta, tiene historia: de acuerdo con la versión oficial, entonces a cargo de Monte Alejandro Rubido, su detención se efectuó en la ciudad de Morelia. La versión de un testigo —hasta la fecha no desmentida— sostiene que fue detenido en una casa en Morelos.

Con base en la versión gubernamental, la captura del líder templario —considerado uno de los hombres más buscados de México— se llevó a cabo en una casa marcada con el número 52 de la calle José Araizabal, colonia Oviedo Mota de Morelia, Michoacán. Esta propiedad tiene una ubicación privilegiada: está atrás de la casa de gobierno. Ahí mismo también fue detenido Dionisio Loya Plancarte, el Tío, quien fuera en sus inicios jefe de relaciones públicas del cártel de la Familia Michoacana.

Antes de ser detenido —la PGR ofrecía por su cabeza 30 millones de pesos— la Tuta ya proyectaba la expansión del cártel de los Caballeros Templarios y su incursión en la imposición de cuotas millonarias al ramo minero, uno de los más importantes de Michoacán. Los planes de la Tuta consistían en apoderarse de una gran tajada de las ganancias por la extracción de oro, plata y otros metales preciosos.

Para ello, ideó la creación de otro grupo criminal, según su proyecto, más rentable y poderoso «que se dedique a trabajar». Este proyecto lo dio a conocer él mismo a través de las redes sociales —cuyos hilos sabía manejar finamente el exprofesor rural. En sus diversos mensajes le pidió a Fernando Cruz Mendoza, el Tena —mano derecha de Nazario Moreno, fundador de los Caballeros Templarios— que se asociara con él para concretar el plan.

El proyecto, según los lineamientos de la Tuta, era «que nos dediquemos a trabajar», que «cuidemos nuestras áreas», y para ello le pidió incursionar en la sierra, concretamente en Aguililla, un municipio rico en minería, donde desplazarían a la célula de un personaje a quien nombran el Mocho, y quien durante algún tiempo fungió como una suerte de asistente o secretario de la Tuta.

En su mensaje público, Servando Gómez le dijo al Tena que cobrarían cuotas fijas y porcentajes a los mineros; que por cada tonelada de mineral requisarían hasta tres dólares, y luego le explica que a los mineros se les tiene que ver con tacto, con mucho respeto. «Ya les mandamos decir que únicamente les vamos a cobrar a los que vienen de fuera y lo que nos quieran cooperar».

Y en otro tramo de la grabación, se oye:

Mi Tena, usted sabe que usted y yo somos hombres de trabajo, somos narcos. Nunca hemos sido bandidos, secuestradores ni ese tipo de cabrones. Usted sabe cómo el Loco (se refieren a Nazario Moreno, su antiguo jefe) nos inducía a hacer pendejadas que no me apoyaba a contradecirle.

El objetivo se cumplió: así como los más importantes productores de aguacate tuvieron que pagar su propia protección y sus cuotas al crimen organizado —una especie de impuesto por trabajar y producir, una suerte de Sistema de Administración Tributario del crimen organizado— de igual manera los productores de minerales se alinearon con el hampa y, para evitar ser asesinados procedieron a entregar sus respectivas cuotas.

Nadie sabe si cumplían cabalmente con sus declaraciones de impuestos, pero con el narcotráfico todo debía ser puntual. Así se establecieron las reglas.

A la par que los Caballeros Templarios ensanchaban su horizonte criminal otro grupo emergía en el Pacífico mexicano, con asiento en Guerrero y Colima, tan temible y pernicioso como los Zetas, y al que se le denomina la Nueva Línea, cártel que se integró con exmiembros de los Caballeros Templarios que se mantuvieron largo tiempo refugiados en Colima bajo el cobijo oficial.

Además de la protección del gobierno colimense, Nueva Línea tendría apoyo de la Policía Federal y también un asiento seguro en Apatzingán, Michoacán, pues su objetivo era enfrentar a los grupos civiles —las autodefensas— que durante algún tiempo estuvieron armados en Michoacán para pelear contra los grupos del crimen organizado que pretendían afincarse en esa entidad.

Algunas versiones sostienen que la presencia de la Nueva Línea en Michoacán tensó aún más la situación política y de seguridad en esa entidad en el año 2015, pues los miembros de las autodefensas fueron desplazados de Apatzingán para evitar una masacre y un baño de sangre. Esta versión fue confirmada, incluso, por el propio gobierno del estado a través de un informe en el que además se dijo que la Nueva Línea tenía el apoyo de agentes federales, de ahí su poder.

El cártel estaba encabezado, de acuerdo con información oficial, por Homero González Rodríguez, a quien se le conoce como el Gallito, a quien las autoridades identifican como primo de Nazario Moreno, fundador de los Caballeros Templarios, a quien le llamaban el Más Loco.

Este nuevo cártel también se confrontó con otras dos organizaciones con fuerte presencia en Michoacán: los Viagras y los H-3; ambos grupos no iban a permitir su desplazamiento, pues desde tiempo atrás habían establecido un mercado sólido para la elaboración y comercialización de crystal, una droga sintética que causó euforia en el mercado de adictos debido a sus efectos prolongados y su bajo costo.

Pero no sólo traficaban con esta droga: igual que los Zetas, diversificaron actividades criminales y cobraron auge actividades delictivas como el secuestro, ejecuciones previo pago, extorsiones y cobro del llamado derecho de piso a otros grupos criminales que pretendieran cruzar por Michoacán.

Sus jefes están muy bien identificados por el gobierno michoacano. Según reportes policiacos, entre las filas de la Nueva Línea están miembros de familias de arraigo y con poder político: Martín Gómez, regidor en el Ayuntamiento de Apatzingán, es uno de ellos; este personaje proviene de las filas del cártel de Jalisco Nueva Generación. Otros son miembros de la familia Álvarez.

Y este grupo está conectado con otros personajes que controlan demarcaciones como Arteaga, Lázaro Cárdenas, La Mira y Guacamayas, y que responden a los sobrenombres de la Matraca, el Metro, el Chicano, el Toro. En otras demarcaciones manda Ignacio Rentería Andrade, llamado el Cenizo.

En Michoacán, los reacomodos criminales empezaron en el año 2013 y desde entonces a la fecha no se han detenido. En ese año hubo varios enroques de cárteles y esto derivó de la captura de José Ángel Carrasco Coronel, el Changel, sobrino de Ignacio «Nacho» Coronel, socio y suegro de Joaquín «el Chapo» Guzmán. Carrasco dirigía una célula criminal llamada la Corona.

La captura de este personaje fracturó la relación entre el cártel de Jalisco y la Federación, lo que generó impacto en plazas como Jalisco, Michoacán y Colima, donde la violencia estalló por la falta de control criminal en los territorios.

Por otra parte, la debilidad de los Caballeros Templarios, que se mantuvieron aislados en Michoacán, fue una oportunidad para otros grupos que pretendían incursionar en la Tierra Caliente michoacana. Es el caso de los Gallegos y de la organización conocida como H-3, también llamada la Hermandad. El primer grupo lo encabeza Miguel Gallegos Godoy, un empresario que alcanzó prosperidad en el negocio hotelero, en la exportación de limón y en el narcotráfico. El segundo lo comanda Luis Antonio Torres, el Americano. Ambos grupos criminales son producto de rupturas entre la Familia Michoacana y los Caballeros Templarios.

Un informe de inteligencia que se atribuye al gobierno de Michoacán, establece: «Miguel Gallegos, conocido como el Micheladas, exlíder de los Caballeros Templarios, ha establecido acuerdos con Nemesio Oseguera Cervantes, el Mencho (jefe del cártel de Jalisco Nueva Generación) desde el año 2011, pues Gallegos

Godoy es uno de los principales productores de droga sintética en Michoacán».

Los tentáculos de Gallegos Godoy parecen amplios, según el informe, pues se asegura que la droga que produce la está traficando a través de diversos contactos que tiene en las autodefensas y que mantienen bajo control territorios enclavados en Tierra Caliente, utilizando las rutas más socorridas que se ubican entre Jalisco y Michoacán y que incluyen demarcaciones como Tepalcatepec, La Ruana y Buenavista.

El informe añade: «Se habla de que los H-3 son sus principales operadores para tal objetivo, grupo encabezado por el Americano, quien es el jefe de las autodefensas en Buenavista y Tomatlán y que tiene a sus disposición un grupo armado, de aproximadamente unos 200 hombres, que están dispuestos a todo por mantenerse en ese negocio».

3
Los Zetas: amos de la guerra

Actualmente, los Zetas son un cártel consolidado, con posiciones concretas en veinte estados del país, con dominios en Centro y Sudamérica, así como en Europa, particularmente en Italia, desde donde distribuyen drogas de todo tipo acorde a un mercado diversificado.

A 19 años de haber surgido como grupo armado y escudo protector del cártel del Golfo, en particular de su entonces jefe, Osiel Cárdenas Guillén, los Zetas lograron sobrevivir a la guerra que desató Felipe Calderón entre 2006 y 2012 y se convirtieron en un grupo poderoso, a pesar de las batallas que libraron con el cártel de Sinaloa, sus acérrimos rivales, y con los propios del Golfo, con quienes mantuvieron una alianza añeja.

Los Zetas siempre han sido violentos y sanguinarios; a ellos se les atribuyen modalidades de muerte como la decapitación y el cercenamiento de cuerpos, la colocación de mensajes en los que no suelen ocultar su autoría cuando el personaje asesinado lleva su sello de muerte.

Es el cártel que mejor diversificó actividades en el mundo criminal, quizá como ningún otro lo ha hecho. La diferencia es que este grupo paramilitar no se parece a otro. Es único por tener un origen castrense y por el entrenamiento al que suelen ser sometidos sus miembros.

Hacia finales de 1997, el grupo armado los Zetas escandalizó al país cuando irrumpió en la escena pública. Diecinueve años después, con nuevos refuerzos y una amplia diversificación de sus actividades criminales, el llamado «ejército del narco» es un cártel que sigue luchando con denuedo por mantener bajo control una veintena de entidades federativas.

La mayoría de los integrantes de esa organización provenían del Ejército, en particular del Grupo Aeromóvil de Fuerzas Especiales (Gafes). En 1997, muchos de ellos habían ingresado a la Procuraduría General de la República (PGR) como refuerzos en la lucha que emprendió el gobierno federal contra el narcotráfico. Pero muy pronto se engancharon en el negocio de las drogas.

Para 2003, año en que fue capturado Osiel Cárdenas, los Zetas modificaron su esquema de operación, luego de una aguda crisis interna por el control del cártel del Golfo, la empresa criminal que los vio nacer.

Superadas las rencillas, las traiciones y el desorden de las operaciones, Eduardo Costilla, el Coss, se convirtió, hacia finales de 2009, en el nuevo líder, en tanto que el grupo armado empezó a conformar su propia estructura criminal, aunque ya como un cártel.

Durante los dos primeros años de liderazgo, y con miras a una alianza con el cártel de Sinaloa —el cártel del Golfo pretendía crecer y eso sólo se lograría mediante una asociación— Eduardo Costilla tuvo dos encuentros con Ignacio «Nacho» Coronel e Ismael Zambada García, el Mayo, representantes del cártel de Sinaloa.

El propósito: sellar una alianza para controlar el tráfico de drogas y construir un megaconsorcio criminal que pusiera fin a las matanzas, al menos en los territorios dominados por ambos grupos criminales, según se establece en las averiguaciones previas PGR/SIEDO/UEIDCS/147/2007 y PGR/SIEDO/UEIDCS/082/2009.

Aun cuando ese proyecto fue abandonado por el cártel del Golfo —la segunda organización más poderosa después del de Sinaloa— en enero de 2010 la Drug Enforcement Administration (DEA) confirmó que los Zetas se habían convertido en un nuevo cártel, bien estructurado y con amplios dominios tanto en el Pacífico como en el Golfo de México.

Los informes de inteligencia de las DEA indicaban desde entonces que la separación de los Zetas del cártel del Golfo se debió a sus diferencias con la cúpula de este último, que se originó por el acercamiento con el cártel de Sinaloa, así como por sus alianzas con la Familia Michoacana, en auge en ese tiempo, así como con los jefes del cártel del Milenio, los hermanos Valencia Cornelio y cuyo asiento sigue siendo el estado de Michoacán.

Hill Glaspy, responsable de la DEA en McAllen, Texas, se refirió al convenio de los capos del Golfo con el cártel de Sinaloa en estos términos: «Está bien documentado que el cártel del Golfo ha formado alianzas con el cártel de Sinaloa y la Familia michoacana para emprender una guerra contra los Zetas».

El 8 de enero de 2010, los Zetas rompieron su relación con la empresa criminal que los fundó, lo que confirmó la tesis de la DEA: «Que los vínculos entre ambas organizaciones criminales estaban sustentados en débiles acuerdos», declaró Glaspy.

Tres meses después del anuncio de la DEA, el 13 de abril (2010), Ramón Pequeño García, entonces jefe de la División Antidrogas de la Secretaría de Seguridad Pública federal, confirmó que los cárteles del Golfo y la Familia habían reanudado una vieja alianza. El entonces colaborador de Genaro García Luna —el policía de Felipe Calderón— no se refirió en ningún momento a la organización de Sinaloa como principal socio del cártel que encabeza el Coss.

En aquel momento, el escenario criminal era el siguiente: los informes de la SSP establecían que la alianza estratégica de la organización que encabezaba el Coss era con la tríada conformada por la Familia michoacana, el cártel del Milenio y el de Sinaloa; eso significaba, de acuerdo con los informes, que esos grupos sumarían fuerzas para contrarrestar a los Zetas.

Esta nueva sociedad motivó que los Zetas abandonaran Tamaulipas, su histórica base de operaciones, y se afincaran en Nuevo León, donde se agudizaron los tiroteos y las matanzas porque, enseguida de que los Zetas se independizaron, ellos también sufrieron una división. Surgieron dos alas: una la encabezaba su líder fundador, Heriberto Lazcano Lazcano y la otra Miguel Treviño Morales, el Z-40.

Lazacano Lazcano habría muerto en condiciones polémicas y sospechosas: durante un tiroteo en un campo de beisbol en Coahuila. Aunque lo que vino después fue un verdadero desgarriate: el cuerpo de Lazcano fue robado cuando estaba siendo velado y hasta la fecha nadie lo ha podido encontrar. Por lo que respecta a Miguel Treviño Morales, éste fue detenido en Nuevo León y actualmente está preso en el penal de La Palma.

La investigación de la PGR sobre el cártel del Golfo —PGR/SIEDO/UEIDCS/2009— asienta que desde el año 2005 los Zetas comenzaron a adquirir armamento de alto poder como ningún otro grupo lo había hecho. Por esas fechas, añade el documento, dicha organización ya buscaba su independencia y se preparaba para enfrentar un verdadero baño de sangre.

Como la mayoría de sus fundadores ya estaban muertos o presos, los Zetas recurrieron a la contratación de personal de refuerzo: militares en retiro, desertores del Ejército y quizá la incorporación más exitosa para ese grupo criminal fue la de exkaibiles, antiguos miembros del ejército de Guatemala, quienes desplegaron un alto nivel de violencia y pusieron de moda la decapitación de rivales como modalidad de muerte en México.

Con nuevos refuerzos y con un abanico de actividades criminales amplio, los Zetas obtienen ganancias multimillonarias en todo el continente y lo hacen mediante la extorsión, la trata de personas, el tráfico humano, el cobro de piso, la venta de protección, imposición de cuotas a comerciantes grandes y pequeños, así como mediante el control de mercados ilegales como la piratería, el robo de mercancías en aduanas y puertos y el negocio de matar, pues también ofrecen gatilleros a sueldo, mediante empresas privadas, para quien necesite eliminar a un rival. El costo varía, según la complicación del trabajo.

La estructura de los Zetas es horizontal y ágil, como la de la guerrilla colombiana, pues tienen gran capacidad de desplazamiento y flexibilidad para actuar en casos de emergencia. A diferencia de otros cárteles, cuyas estructuras son piramidales, la de los Zetas está organizada por células (llamadas estacas) y cada una cuenta con una estructura mínima pero necesaria para operar.

Además, en los diferentes niveles y categorías, el encargado de cada plaza cuenta con una amplia red de informantes —se les conoce como Halcones— que realizan trabajo de espionaje, seguimiento de personas, lanzamiento de alertas a sus jefes sobre operativos, patrullajes y acciones que llevan a cabo tanto las policías como la Marina y el Ejército.

Los informantes o Halcones por lo general son personas con conocimientos del lugar donde operan y tienen relaciones con personas del entorno; trabajan en lograr una identificación social con apoyos para las personas necesitadas en zonas donde hay vacíos de poder, es decir, ahí donde las acciones del Estado nunca llegan. De esa forma van fortaleciendo lo que comúnmente se conoce como «el brazo social del narco».

La red de informantes trabaja durante día y noche en sus tareas, tienen buenas relaciones con los comandantes de la policía y se infiltran entre la gente para obtener información. Están al tanto de rumores y suelen pagar cuotas a meseros, dueños de bares, cantinas, prostíbulos, pordioseros, peluqueros, recepcionistas de hoteles, moteles y casas de huéspedes, así como a taxistas para que les «pasen un pitazo» cuando haya movimientos o visitantes extraños que causen sospechas. De todo esto depende, según su lógica criminal, la buena marcha de la organización en cada región donde está afincada.

Los contadores, a su vez, son los responsables de las finanzas de la organización; ellos son quienes pagan los sueldos a los integrantes de la estructura, así como a la red de funcionarios y policías que operan en apoyo del cártel. Al principal contador del cártel, una suerte de operador financiero, le llaman el Comandante Sol.

Los Zetas también cuentan con una base de sicarios, muy bien armados, que están dispuestos a todo: matan a los rivales en el negocio de las drogas, pero también a quienes se hacen pasar por Zetas sin serlo, es decir, a quienes suplantan a la organización con fines de lucro.

Este tipo de fenómenos se ha visto en casi toda la República. Ante la bancarrota que enfrenta el país desde que empezó el gobierno de Enrique Peña Nieto, cientos de familias han decidido incorporarse a la delincuencia común y organizada para sobrevivir en lugar de buscar un empleo digno. Para ellos es más fácil conseguir un arma, ponerse una capucha y salir a las calles a secuestrar a personas haciéndose pasar como zetas.

Cuando los verdaderos zetas se percatan de esta situación, proceden a ejecutar a la persona que suplanta sus funciones: en varios casos se ha observado, por ejemplo, que cuando detienen a uno de estos falsos zetas proceden a interrogarlo, luego lo «tablean», es decir, lo golpean con tablas mojadas por la espalda y parte lumbar hasta que les provocan estallamiento de riñones; luego les cortan la lengua. Y por si fuera poco, les cortan las manos, señal de que es un castigo por tomar lo que no les corresponde. Luego los decapitan y cortan cada pedazo de su cuerpo para luego esparcirlos por calles y avenidas. En otras ocasiones, dejan el cuerpo despedazado en alguna zona y le colocan una cartulina con un mensaje: «Esto le pasó por andar extorsionando a nombre de la empresa».

En los últimos cinco años, las actividades de los Zetas se han diversificado en todo el país, así como en Centro y Sudamérica, de acuerdo con el expediente PGR/SIEDO/UEIDCS/147/2009. Actualmente este cártel domina el tráfico de drogas en 20 estados de la república y tiene una alianza con la organización Beltrán Leyva, ahora encabezada por Alfredo Beltrán Guzmán, sobrino del Chapo, quien busca apoderarse del control del cártel de Sinaloa con el respaldo de Rafael Caro Quintero, según confirmó la DEA en Washington.

Los Zetas, en su afán de expandirse por todo el país, también están asociados con el cártel de Tijuana, que encabeza Enedina Arellano Félix, la única mujer que en México dirige una organización criminal. De acuerdo con informes de la PGR, los ingresos de los Zetas no sólo dependen del tráfico de drogas sino de al menos unas 25 actividades delictivas, entre otras, el secuestro y la «ordeña» de ductos de Petróleos Mexicanos, pues también trafican con combustibles robados y están relacionados con altos funcionarios de esa paraestatal para llevar a cabo el saqueo de gasolinas.

En los años 2012 y 2013, los Zetas enfrentaron una fuerte crisis, quizá peor que la que se vivieron tras su separación del cártel del Golfo, pues en menos de un año se quedaron sin líder: Omar Treviño Morales fue detenido por efectivos de la Marina en Coahuila, en tanto que Heriberto Lazcano Lazcano, de extracción militar, fue asesinado supuestamente durante un enfrentamiento en la zona carbonífera de Coahuila, aunque nadie pudo confirmar que se tratara de él porque su cuerpo fue robado de la funeraria cando era velado.

Por esas razones, y debido al brote de rencillas, conflictos y enfrentamientos, el cártel de los Zetas se fue debilitando en todo el país, aunque no se ha exterminado: sigue siendo la tercera fuerza criminal de México después del cártel de Sinaloa y el cártel del Golfo.

De acuerdo con el Sistema de Recompensas de la Procuraduría General de la República, el cártel de los Zetas ya tiene nuevo líder y en esa lista se manejan tres nombres: Sergio Ricardo Basurto Peña, el Grande; Maxiley Barahona Nadales, el Contador y Román Ricardo Palomo Rincones, el Coyote. Los tres eran lugartenientes de Miguel Ángel Treviño Morales, el Z-42 y los tres pugnan por quedarse con el liderazgo de la organización criminal.

Según el perfil criminal del que dispone la PGR, Román Ricardo Palomo Rincones, el Coyote, es considerado uno de los más peligrosos y violentos de la organización. La PGR le atribuye el asesinato de 72 migrantes centroamericanos en agosto de 2010, y también se le considera responsable del secuestro de 145 personas que fueron plagiadas cuando iban en un autobús en la ruta Matamoros-Ciudad Victoria.

Por la captura de el Coyote o informes que permitan dar con su paradero, la PGR ofrece una recompensa de diez millones de pesos. Este personaje tiene varios contravenciones en su haber: se le acusa de delitos por delincuencia organizada, secuestros y violación a la Ley Federal de Armas y Explosivos.

En lo que respecta a Maxiley Barahona Nadales, el Contador, la PGR también lo tiene considerado como altamente peligroso. Sus funciones dentro del cártel de los Zetas son específicas: reclutar sicarios para la organización delictiva. Es el encargado de la plaza con asiento en Veracruz, Tabasco y Chiapas. La PGR también ofrece por su cabeza diez millones de pesos y esa misma suma también se ofrece por Sergio Ricardo Basurto Peña, el Grande, considerado el principal generador de violencia en Tamaulipas, particularmente en las ciudades de Matamoros, Reynosa y Nuevo Laredo. Dentro de la organización de los Zetas se encarga de las operaciones de trasiego, venta de estupefacientes, secuestros, cobro por derecho de piso y extorsiones en las plazas de Nuevo Laredo, Tamaulipas; Coatzacoalcos, Veracruz, y Tabasco.

Sin embargo, las autoridades estadounidenses no descartan que Juan Francisco Treviño Morales, el hermano mayor de Miguel, el Z-42, sea el nuevo jefe de los Zetas en México.

La historia de la familia Treviño Morales, ampliamente documentada por la DEA, establece que Juan Francisco y sus hermanos emigraron a Estados Unidos en los años setenta y se afincaron en Dallas. En esa época Juan estaba recién casado y tenía 23 años.

En ese tiempo, Juan Francisco Treviño comenzó a trabajar como albañil para salir adelante. Un informante declaró ante la DEA que Treviño se hartó de trabajar siete días a la semana para sobrevivir, por lo que buscó otras vías de ingreso.

Y es que desde que vivía en Nuevo León utilizó el negocio de la construcción como fachada para disimular la venta de drogas. Entonces era un distribuidor pequeño. En una ocasión, cundo viajó a Estados Unidos, lo detuvieron por no acreditar el origen de 47 mil dólares en efectivo y por ello fue sentenciado, aunque con libertad condicionada.

Un año después —según su expediente— fue declarado culpable por el delito de distribución de mariguana y fue enviado a la cárcel, donde permaneció hasta 2014. En marzo de ese año, Juan Francisco fue liberado de una prisión de Colorado y deportado a México.

El informante que la DEA contactó y que aportó todos los detalles sobre su historia, dijo: «Era muy diferente en 1995. Juan Francisco perdió la transición. Sería difícil pensar que con esa historia y su avanzada edad podría llevar un pequeño grupo ejecutor y mucho menos un cártel importante».

Hasta ahora, las autoridades de Estados Unidos ignoran el paradero de Juan Francisco Treviño Morales y las actividades que podría estar desarrollando.

La agencia antidrogas estadounidense, con base en sus informes, señala a Rogelio González Pizaña, el Kelin o Z-2 como el personaje que sería el relevo natural de los Zetas y que ya estaría formalmente al frente de esta organización criminal.

La DEA también confirma otro dato: que los Zetas y el cártel del Golfo, después de una larga batalla por el control del tráfico de drogas, terminaron aliados de nueva cuenta. Y para reforzar este dato se da a conocer un comunicado, emitido por González Pizaña, en el que afirma que la unidad se dio para evitar la violencia en Tamaulipas.

«Estamos más unidos que nunca, queremos la paz para Tamaulipas», señala el comunicado firmado por Juan Reyes Mejía González, alias el R-1, y líder de los Rojos —socios del cártel del Golfo— y por González Pizaña.

Con esta alianza, según el comunicado, llegará la vieja escuela del narcotráfico que en los años noventa representó Juan García Abrego, detenido en 1996 en la finca Juárez de Monterrey, Nuevo León.

En otro informe de la DEA se afirma que debido a la diversificación de actividades que caracteriza a los Zetas, este grupo ha dejado de ser una amenaza para otras organizaciones, pues ya no se dedican al tráfico de drogas sino que han centrado sus esfuerzos en la extorsión, secuestro y las ejecuciones sanguinarias.

Sin embargo, su poder alcanza países de Centro y Sudamérica como Guatemala, El Salvador, Costa Rica, Colombia, Argentina, Uruguay y en Europa han establecido importantes alianzas para la distribución de droga.

Al igual que en Veracruz, Michoacán, Jalisco o Sinaloa, en Tamaulipas el narcotráfico también tiene brazos políticos muy bien posicionados en el poder central. En la última contienda electoral de junio de 2016, donde se eligieron a decenas de alcaldes en Tamaulipas, el Comité Ejecutivo Nacional del PRI, entonces bajo el liderazgo de Manlio Fabio Beltrones, anuló las candidaturas de tres aspirantes a presidentes municipales por existir evidencias de que están relacionados con el crimen organizado.

Fue el caso de Wenceslao Zúñiga Vázquez, candidato a alcalde por el municipio de Hidalgo; Gustavo Estrella Cabrera, abanderado por Villagrán y Luis Aldape Lerdo, a quien el PRI ungió como su candidato en la demarcación de Mainero.

Los tres fueron eliminados de la contienda electoral de junio de 2016 por sus vínculos con la Columna Armada General Pedro José Méndez, organización que, según información de las autoridades, se identifican como un grupo civil de autodefensa, aunque en realidad operan como brazo armado del cártel del Golfo.

Después de la suspensión de los candidatos priistas, el grupo civil o brazo armado del cártel del Golfo realizó una marcha multitudinaria en el municipio de Hidalgo, en el que rechazaron cualquier relación con la delincuencia organizada y dijeron que si se aglutinaron en esta agrupación fue «para defenderse de capos, extorsiones y secuestros», pues estos delitos han aumentado en Tamaulipas por la falta de orden que existe en todo el estado.

La radiografía criminal de Tamaulipas, documentada por la PGR, establece que en la mayoría de los municipios existe un vacío de poder oficial que ha sido aprovechado por las bandas del crimen organizado. En buena medida, la estructura política descansa sobre una cimentación criminal perfectamente bien aceitada por los grupos mafiosos en el poder.

En el caso del municipio de Hidalgo, por ejemplo, donde era candidato Zúñiga Vázquez, estuvo dominado durante tres años —de 2010 a 2013— por el cártel de los Zetas. En esa demarcación reinó por mucho tiempo la industria del secuestro, no hubo habitante que no fuera extorsionado y a toda hora había asesinatos. «Aquí tronaba la metralla de día y de noche y hasta la Policía Municipal salía huyendo», dijo un testigo.

Durante ese lapso, en Hidalgo las organizaciones defensoras de los derechos humanos oficiales y no oficiales documentaron más de cien crímenes. Hasta el alcalde de entonces, Marcos Leal, fue ejecutado, y el actual, Jesús Manuel Guerrero Gamboa fue secuestrado por el narcotráfico antes de ganar las elecciones municipales. Su rescate costó un millón y medio de pesos, suma que pagó su familia.

Una tranquilidad temporal se respiró en el municipio de Hidalgo cuando arribaron los miembros de la Columna Armada Pedro José Méndez. Este grupo desplazó a los Zetas, que peleó a sangre y fuego por el territorio, pero al final de una larga batalla tuvo que abandonar la demarcación. Una versión jamás desmentida sostiene que el cártel del Golfo proporcionó las armas a los elementos de la Columna, agrupación armada que nació en diciembre de 2010 supuestamente para enfrentar al crimen organizado. Sin embargo, pronto se supo que se trataba de una extensión del cártel del Golfo, una suerte de brazo civil, con el que enfrentaban a los Zetas y a cuanta organización se interpusiera en su camino.

La narcopolítica no es un problema nuevo en Tamaulipas: ahí están los casos de Tomás Yarrington y Eugenio Hernández, dos exgobernadores de ese estado que son investigados en Estados Unidos por sus relaciones con el narcotráfico.

A Yarrington se le acusa de estar coludido con el cártel del Golfo y de amasar una fortuna descomunal entre cuentas bancarias y propiedades adquiridas tanto en México como en Estados Unidos con dinero de la mafia; es más, las investigaciones de la DEA sostienen que durante el gobierno de Yarrington no sólo el narcotráfico tuvo protección oficial, sino que incluso algunos programas sociales se utilizaron para lavar dinero.

En el caso de Eugenio Hernández, una Corte de Estados Unidos lo investiga por lavado de dinero al no poder justificar recursos que depositó en bancos de Estados Unidos ni la compra de propiedades. Lo curioso de este caso es que mientras en México la PGR ya decretó el no ejercicio de la acción penal, por no existir delitos que perseguir, en Estados Unidos sigue abierto el expediente criminal en su contra y, por su puesto, Hernández no puede pisar suelo estadounidense porque, de hacerlo, sería detenido.

Después de su separación del cártel del Golfo, en el año 2010, los Zetas comenzaron su proyecto de expansión en el norte de México. En medio de lo que se llamó la «narcoguerra», librada con los cárteles del Golfo y Sinaloa, esta organización se afincó en Coahuila y se mantuvo bien cobijada durante el gobierno de Humberto Moreira, quien ahora es investigado en Estados Unidos por lavado de dinero al desviar miles de millones de pesos a través de empresas fantasma.

Moreira fue presidente nacional del PRI durante la campaña de Enrique Peña Nieto, pero precisamente el escándalo de la malversación de las finanzas en su estado fue lo que causó su renuncia. A principios de 2016 fue detenido en España, al arribar al aeropuerto de Barajas, en Madrid, pero fue liberado. Se afirma que su amigo, el presidente Enrique Peña Nieto, abogó por él.

Durante el mandato de Humberto Moreira en Coahuila, los Zetas convirtieron la ciudad de Piedras Negras en su centro de operaciones para cruzar los cargamentos de droga hacia Estados Unidos. En Piedras Negras vivieron refugiados por muchos años tanto Miguel Treviño Morales como Heriberto Lazcano Lazcano.

Además de un fuerte apoyo político, los Zetas también buscaron refuerzos logísticos para el trasiego de droga. Y los encontraron en Alfonso Mario Cuéllar, Héctor Moreno Villanueva, el Negro, y José Luis Garza Gaytán. Esta triada de operadores provenían de familias pudientes y bien acomodadas. Pero pronto surgió la tragedia: Moreno Villanueva traicionó a sus jefes, el Z-40 y el Z-42 y comenzaron las venganzas, la quemazón de casas y departamentos de lujo, las masacres y balaceras, así como los levantones y secuestros en todo el estado.

Se cuenta que en marzo de 2011, los cabecillas de Los Zetas mandaron traer 40 camionetas repletas de hombres dispuestos a matar. Llevaban el apoyo de la policía municipal de Allende, su brazo armado. Y sin pensarlo arremetieron contra los pobladores de los municipios de Allende y Bravo. Buscaban a Moreno Villanueva y a Garza Gaytán, los traidores, para asesinarlos. Pero estos personajes ya habían cruzado el río bravo y no los pudieron encontrar.

En Coahuila, los Zetas encontraron el asidero perfecto, pues con frecuencia cruzaban la frontera hacia Estados Unidos para realizar ejecuciones. Tanta violencia generaron en el Valle de Texas, que la Patrulla Fronteriza consideró a este grupo criminal como una amenaza para la seguridad nacional de los Estados Unidos.

Tamaulipas, Nuevo León y Coahuila vivieron meses de terror que aún no terminan debido a la violencia desatada por los cárteles de la droga. En estados Unidos se consideró que esta lucha entre cárteles tenía que ver con el hecho de que al menos el cártel de Sinaloa y los del Golfo trataban de frenar a los Zetas para que se no desatara una violencia mayor en contra de la población civil.

Para ello, el cártel del Golfo recibió apoyo del cártel de Juárez, de Sinaloa e incluso del propio gobierno de Tamaulipas a fin de contener las arremetidas de Los Zetas en contra de la sociedad. La violencia se exacerbó precisamente porque el plan de acción, avalado por Washington, consistía en acabar con algunas células de Los Zetas aparentemente fuera de control, llevar a cabo una limpieza en los territorios y así devolverle la tranquilidad al estado, pues en el 2014, al presidente Barack Obama le preocupaba la violencia sin freno que enfrentaba Tamaulipas y que ya estaba impactando a la frontera con Estados Unidos.

La violencia en Tamaulipas, en buena medida, también fue del conocimiento del gobierno mexicano, de la Secretaría de Marina y del propio Ejército, pues cuando se enteraban de enfrentamientos en esa entidad preferían no intervenir porque sabían que se trataba de un plan estratégico disfrazado de lucha entre cárteles por el control de la plaza.

Una fuente mexicana consultada al respecto habló brevemente de los lineamientos de esta cruzada contra el crimen que acordaron algunos cárteles y el gobierno: «La intención que tiene todo esto es acabar con la criminalidad que impacta a la sociedad civil y que no está ligada al narcotráfico. Ésta fue en gran medida una estrategia que se aplicó en Colombia y dio resultado».

4
Los Cuinis:
el cártel que nadie vio

Ni en Estados Unidos ni en México pudieron advertir que en el Pacífico mexicano, particularmente en Jalisco, Michoacán y Guerrero, la organización criminal conocida como los Cuinis crecía a pasos agigantados hacia la conquista de los mercados europeo y asiático —los cuales inundaron de drogas sintéticas— y evitaron la confrontación con el cártel de Sinaloa como una medida estratégica para convertirse en la organización criminal con mayores ganancias en los últimos años. Simplemente le dejaron el territorio estadounidense al Chapo Guzmán y decidieron voltear a ver otros nichos del mundo para edificar su emporio.

Bajo el liderazgo de Abigael González Valencia —un hábil y discreto capo que supo crecer más que el cártel de Sinaloa en ganancias, según datos de la DEA— los Cuinis surgieron hace poco más de cinco años y, de acuerdo informes policiacos, operaron como una empresa criminal que fue utilizada por González Valencia como una «fachada», es decir, un instrumento que también sirvió de distractor para las autoridades porque en realidad este personaje era el verdadero jefe del cártel de Jalisco Nueva Generación y Nemecio Oseguera Cervantes, el Mencho, su cuñado, operaba como su lugarteniente.

González Valencia tiene escuela en el mundo del narcotráfico: trabajó al lado de Armando Valencia Cornelio, el Maradona, jefe del cártel de los hermanos Valencia de Michoacán, quien fue detenido a mediados de 2005 en Jalisco. Los hermanos Valencia crecieron como la espuma en el negocio de las drogas, pues tenían a su servicio a importantes proveedores colombianos y hábiles pasadores de droga hacia Estados Unidos que, en buques y lanchas, podían llevar un cargamento de droga desde Michoacán hasta la frontera con Estados Unidos, sin mayores dificultades.

El cártel de los Valencia, donde se formó Abigael González, fue uno de los más violentos y poderosos que surgieron en Michoacán en la década de los años noventa. Competían con los hermanos Amezcua Contreras en la conquista del mercado de las drogas sintéticas que, por aquellos años, provocaron un boom entre los consumidores mexicanos y extranjeros. De igual forma comerciaban con cocaína, mariguana y metanfetaminas; uno de sus principales socios era el capo colombiano Gino Brunetti, quien se manejaba con bajo perfil y de esa forma logró introducir a Estados Unidos cientos de toneladas de droga por la vía marítima.

También conocido como cártel del Milenio, la organización de los Valencia era una empresa familiar dedicada al tráfico de droga, aunque antes se habían enfocado en la exportación de aguacate. El fundador de la organización fue José Valencia, quien en la década de los setenta se introdujo en el negocio de los estupefacientes y empezó a sembrar mariguana y amapola, que se cultivan en Michoacán, Jalisco y Guerrero. Más tarde lograron ser autónomos y hasta el año 2001 eran una organización poderosa, boyante económicamente, pero desconocida por las autoridades federales de México a pesar de que este grupo criminal utilizaba barcos atuneros para transportar sus cargamentos hacia Estados Unidos.

A principios del 2000, el entonces fiscal antidrogas de México, José Luis Santiago Vasconcelos —fallecido en un accidente aéreo junto con Juan Camilo Mouriño, secretario de Gobernación en el gobierno de Felipe Calderón, cuyas causas aún siguen siendo un misterio— recibió un informe de la DEA que lo sorprendió.

En aquella ocasión, Vasconcelos contó a este reportero que en Estados Unidos tuvieron noticias de una organización criminal muy activa que introducía muchas toneladas de droga a Estados Unidos y que estaba afincada en Michoacán. El entonces subprocurador de la Unidad Especializada en Delincuencia Organizada de la PGR dijo: «En realidad no sabíamos que los Valencia conformaban un cártel muy poderoso, y actuaban con muy bajo perfil, por lo que desconocíamos de qué tamaño era esa organización».

Todo comenzó a descubrirse cuando el capo colombiano Gino Brunetti fue detenido en Cancún, Quintana Roo, a principios del 2001. En ese año fue extraditado a Estados Unidos bajo el cargo de conspiración para introducir cocaína a ese país. Entonces Brunetti era operador del cártel de Tijuana, comandado por los hermanos Arellano Félix, y estaban aliados con los hermanos Valencia. Brunetti era el proveedor de cocaína más importante de estos dos cárteles y un hábil pasador de droga hacia el voraz mercado consumidor.

Fue Brunetti quien confesó ante las autoridades mexicanas y estadounidenses la existencia del cártel de los hermanos Valencia o Milenio; según contó Vasconcelos en aquella época, Brunetti estaba siendo interrogado por la DEA y en esa audiencia él estaba presente. En un tramo del cuestionamiento Brunetti se detuvo y preguntó a las autoridades:

—¿Ustedes tienen conocimiento de cuál es el cártel que más droga mueve a Estados Unidos en este momento?

—No —respondieron los agentes de la dea seguidos por Vasconcelos

—¿A qué cártel te refieres? —inquirieron los agentes de la dea.

—A los Valencia, al cártel del Milenio.

Y enseguida Brunetti comenzó a detallar cómo estaba conformada la organización de los Valencia en Michoacán, sus estrategias, la protección que tenían y cuántas toneladas introducían a Estados Unidos. De acuerdo con la confesión de Brunetti, los Valencia movían entre 15 y 20 toneladas de cocaína mensuales. Todo a través de barcos atuneros.

Y así fue como la PGR comenzó el rastreo de los hermanos Valencia, cuya estructura era bastante amplia y confusa, pues en Michoacán casi medio estado lleva el apellido Valencia y resultaba muy complicado hallar pruebas en contra de todos los integrantes del cártel tan sólo por llevar el apellido de los jefes de la organización.

Con las declaraciones de Brunetti y las posteriores investigaciones de la PGR, se logró saber que Armando Valencia Cornelio, el Maradona, era el jefe del cártel; que sus primos Luis y Ventura Valencia formaban parte de la estructura criminal y que después de algunos años de operaciones establecieron una alianza con el cártel del Pacífico para declararle la guerra a los Zetas.

El cártel de los hermanos Valencia estableció una sociedad con el empresario de origen chino Zhenli Ye Gon, quien importaba efedrina de China y llegaba a México a través del puerto de Lázaro Cárdenas. Con permisos oficiales en sus manos, que le permitían importar los precursores químicos, las autoridades se preguntaron por qué ingresaba tanta efedrina a México si en el país no había epidemia de problemas respiratorios (la efedrina es una sustancia que se utiliza para producir medicamentos que curan los padecimientos gripales).

Pronto se enteraron de que la efedrina es la base para producir drogas sintéticas o de diseño, las cuales pueden fabricarse en pequeños espacios y a un bajo costo. La gran ganancia estriba en su fuerte demanda, la cual se ha potencializado en el mundo debido a sus efectos prolongados y al precio accesible al que se ofrece en el mercado consumidor.

Ye Gon era también socio del cártel de Sinaloa y dueño de un laboratorio en el Estado de México, donde se producían medicamentos; con frecuencia se le veía en

Las Vegas o en otros lugares de Estados Unidos apostando cantidades millonarias en los casinos sin que nadie lo molestara. En México vivió protegido por las autoridades, las cuales constantemente lo extorsionaban, según denunció el propio Ye Gon en uno de sus testimonios cuando dijo aquella frase que se hizo famosa cuando le pedían dinero: «O *copelas*, o cuello». Lo que en realidad quería decir es que si no pagaba lo mataban.

Un día de 2007 la PGR realizó un cateo en una de sus fastuosas propiedades ubicadas en Lomas de Chapultepec. Cuando los agentes federales ingresaron encontraron todo aparentemente normal. Después de realizar el cateo no encontraron nada y el equipo de agentes se enfilaba hacia la puerta de salida.

En ese momento un policía federal se percató de que había un cuerno de Chivo desarmado al que le faltaba una pieza. Y comenzaron a buscarla. Abrieron una recamara y luego una más y hallaron un escondite que en realidad era una amplia habitación donde Ye Gon guardaba 200 millones de dólares en efectivo. Las imágenes de esa descomunal cantidad de dinero muestran que los paquetes se habían colocado como ladrillos, unos sobre otros, y alcanzaban una altura que rozaba el techo. Para calcular el monto de dinero, la PGR echó mano de contadores y cajeros de bancos, que durante cinco días lograron determinar la suma exacta apoyados con máquinas para cuantificar billetes.

Del año 2000 al 2010, la estructura del cártel del Milenio no creció: se mantuvo como una organización cuyos integrantes se manejan con bajo perfil, pero mantuvieron su alianza con el cártel de Sinaloa, el más poderoso del mundo, según la DEA.

La última estructura sólida que tuvo el cártel del Milenio, hasta finales de la década del 2000, la encabezaba Salvador Revueltas Ureña, a quien se le conoce como el Chava Lentes y/o el Innombrable; otra de las cabezas era Luis Valencia Valencia, quien está emparentado con Armando Valencia Cornelio, el Maradona.

De acuerdo con informes de inteligencia del gobierno de Michoacán, la estructura central de los Valencia la componen también Alfonso Revueltas, el Poncho; Óscar Nava Valencia, el Lobo; Pedro Rebolledo López, la Coya; Armando Valencia González, el Tocayo; Cruz Valencia, el Cruzón, y Gerardo Mendoza Chávez, Gerardón.

El informe menciona, asimismo, a Eleuterio Valencia Valencia, José González Valencia, el Cochi; Erick Valencia Salazar, el Erick; Juan Carlos Nava Valencia, Mario y Ramón Caballero Valencia; Alejandro González Rentería, el Guajillo; Librado Villagómez Arreguín, Antonio Torres, el Monillo; Rutilo Naranjo Quintero y Francisco García Silva, el Fran.

El documento también señala a exmilitares como parte de la estructura de este cártel hoy transformado, entre ellos, a Arturo Alanís N., quien fungió como director de Seguridad Pública en el municipio de Los Reyes y excomandante de la policía ministerial.

Gino Brunetti, quien los delató ante la DEA, fue capturado en Cancún y enseguida extraditado a Estados Unidos. Para las autoridades de aquel país, el colombiano era entonces (2001) una pieza clave del narcotráfico mexicano, pues operaba para varios cárteles como proveedor.

Según la fiscal Mary Jo White, se le acusó de conspiración para introducir cocaína a Estados Unidos. De acuerdo con la DEA, el arresto de Brunetti fue parte de una operación que les llevó un año, en la cual participaron detectives, agentes especiales y la policía de Nueva York. Hasta esta ciudad arribaban vía aérea los embarques de droga procedentes de la ruta Colombia-México. Tras caer Brunetti también fue detenido Luis Rojas, su enlace en Nueva York, así como once personas más que fueron acusadas por el delito de conspiración de narcotráfico.

Con la detención de Brunetti salieron a flote los contactos y alcances del cártel de Tijuana; según la DEA, ese grupo criminal introduce a Estados Unidos 15% de la cocaína que se consume en ese país y sus relaciones son bastante amplias: están conectados con mafias de Colombia, Italia y Rusia, de ahí su poderío.

De esta estructura del cártel del Milenio y de la escuela criminal de Armando Valencia y cómplices emergió Abigael González Valencia, el Cuinis, actualmente está preso, pero heredó el poder a Nemesio Oseguera Cervantes en la jefatura del cártel de Jalisco Nueva Generación.

Sin embargo, los Cuinis se mantienen como una organización sólida que, al igual que los hermanos Valencia en el año 2001, causó asombro a las autoridades estadounidenses por su forma de operar y por el poderío económico que han acumulado en tan pocos años.

De acuerdo con la DEA, los Cuinis, banda encabezada por cinco hermanos, es la organización que más exporta cocaína y metanfetaminas hacia Europa y Asia y los golpes que ha recibido son muy esporádicos, por lo que sus ganancias son cuantiosas.

González Valencia, el que fue su líder, es considerado por las autoridades de Estados Unidos como un personaje inteligente, y su poderío en buena medida aumentó durante su etapa de esplendor debido a la alianza estratégica que selló con el cártel de Jalisco y por no fijarse en el mercado estadounidense, pues de esa forma evitó confrontaciones con el cártel de Sinaloa.

El cártel de Jalisco y los Cuinis surgieron y continúan siendo empresas familiares; su estrategia para lavar el dinero que proviene del tráfico de drogas consiste en invertirlo en diversas empresas y una de las actividades más socorridas por ellos son los bienes raíces.

Apenas en el año 2015, el Cuini y el Mencho ingresaron a la lista de los capos más buscados por las autoridades de Estados Unidos, a pesar de que al menos llevan poco más de un lustro operando el tráfico de drogas hacia Estados Unidos.

Cuando la organización de los Cuinis era encabezada por González Valencia, en México dominaban seis estados del país —Michoacán, Jalisco, Guerrero, Guanajuato, Estado de México e Hidalgo— en tanto que en esos mismos corredores también operaba Nemesio Oseguera, aún libre, lo que le ha permitido ya dominar diez entidades del país. Además de en las mencionadas, también se le ubica en Puebla, Veracruz, Tabasco y Chiapas.

El cártel de Jalisco Nueva Generación, considerado en sus inicios como un brazo del de Sinaloa, surgió de los restos que dejó el cártel del Milenio, en el que también militó Oseguera Cervantes.

Abigael González Valencia, el Cuini, fue detenido el 28 de febrero de 2015 junto con Óscar Betancourt Bermúdez y Laura Sánchez Ruiz, sus socios colombianos; en el momento de la captura también se hacía acompañar del venezolano Miguel José Leone Martínez y el mexicano Gilberto Mendoza González.

En ese entonces, el gobierno de México dio a conocer que González Valencia era el cerebro financiero del cártel de Jalisco Nueva Generación. Un año antes, esa misma tarea se le atribuyó al hijo de Nemesio Oseguera, Rubén, a quien la policía le aseguró diez millones de pesos en efectivo.

Sin embargo, después de su detención se ha ido descubriendo el verdadero rol que jugó González Valencia en el narcotráfico, y en particular en las dos organizaciones aliadas —los Cuinis y el cártel de Jalisco— en realidad no era, como se creía, como el operador financiero del cártel de Jalisco, sino el jefe de la organización.

La PGR, tras estudiar la estructura criminal de los Cuinis y del cártel de Jalisco consideró que González Valencia en realidad pretendía encumbrar a su organización como la más poderosa de México, por encima del cártel del Pacífico, pues supo aprovechar la debilidad y división de los Caballeros Templarios y el desplazamiento de los Zetas en Michoacán. Y las autoridades federales no advertían del poderío de el Cuinis porque este capo, que abrevó de la escuela Valencia, se manejaba como los viejos barones de la droga: con bajo perfil y absoluta discreción. Tan es así, que durante mucho tiempo no fue mencionado por el gobierno mexicano ni incluido en la lista de los 122 objetivos prioritarios del Estado en su lucha contra el crimen organizado.

Pero no por moverse con bajo perfil dejaban de ser violentos y de tener gran capacidad para corromper autoridades. Cuando apenas transcurría su noveno día como gobernador, el mandatario de Jalisco, Aristóteles Sandoval, fue sacudido por la metralla del narco.

Su secretario de Turismo, Jesús Gallegos Álvarez, fue ejecutado por sicarios del cártel de Jalisco. Uno de los autores materiales de este homicidio, Jonathan García, apodado John Perro, declaró ante la Fiscalía que investigó el caso que Nemesio Oseguera Cervantes ordenó el asesinato de Gallegos porque sabían que estaba ligado al narcotráfico y que lavaba dinero del cártel de los Caballeros Templarios.

Otro alto funcionario del gobierno de Jalisco acusado de tener vínculos con el crimen organizado es el fiscal general Nájera Gutiérrez de Velasco, a quien se le ha relacionado con el cártel de Jalisco Nueva Generación, y tales ligas, según algunas denuncias públicas, datan desde el año 2011, cuando fungía como Secretario de Seguridad en el gobierno del panista Emilio González Márquez.

La relación de Gutiérrez de Velasco con el narcotráfico derivó en un escándalo: en febrero de 2011, por ejemplo, aparecieron varias narcomantas firmadas por las organizaciones la Resistencia, la Familia Michoacana y el cártel del Golfo en las que exigían al gobierno de

Jalisco poner orden en la secretaría de Seguridad Pública porque, según las acusaciones públicas, los mandos y los altos jefes brindaban protección al cártel de Jalisco y a su jefe Nemesio Oseguera.

Nájera, sin embargo, hizo caso omiso de estos señalamientos y atribuyó las acusaciones al trabajo de combate contra el narcotráfico que se estaba efectuando en Jalisco. Algunas semanas después, el cártel de la Resistencia colocó otra media docena de mantas en las que volvió a señalar a Nájera y a Alejandro Solorio Aréchiga, comisionado de seguridad.

En Jalisco el salpicadero por las complicidades entre políticos y el narcotráfico también alcanzó al propio gobernador, Aristóteles Sandoval Díaz, desde que era presidente municipal de la ciudad de Guadalajara.

Su carrera política fue meteórica: antes de ser alcalde fue activista del PRI y diputado local, pero su historia no ha estado desligada de escándalos que lo mismo lo vinculan con operadores del cártel de Sinaloa que con redes dedicadas al comercio de drogas con el apoyo de la Policía Municipal.

El primer escándalo que enfrentó ocurrió el 21 de febrero de 2005. Ese día Ignacio Loya Alatorre, identificado por la Procuraduría General de la República como operador financiero de Ignacio Nacho Coronel —suegro de Joaquín Guzmán Loera y miembro del cártel de Sinaloa que antes de ser asesinado fue pieza clave del cártel de Sinaloa en Jalisco— acudió al estadio Jalisco a ver un partido de futbol.

Horas antes, Loya Alatorre le había pedido a su chofer, Sergio Ocegueda García, que fuera al banco a realizar varios depósitos en efectivo. Luego le dijo: «Te encargo esos depósitos, son urgentes, son órdenes del patrón».

Loya Alatorre entró al estadio, se acomodó en su palco de lujo y, mientras veía el partido entre las Chivas y el Monterrey realizó varias llamadas con su teléfono celular.

Al finalizar el juego permaneció sentado en el palco. Salió cuando el estadio comenzó a vaciarse. Tras cruzar la puerta caminó unos metros y, de manera intempestiva, fue acribillado. Una ráfaga de balas le atravesó el cuerpo. Su muerte fue instantánea.

El caso cobró una relevancia aún mayor cuando la Procuraduría General de Justicia de Jalisco y la PGR comenzaron las investigaciones para identificar al personaje. Horas después, Sergio Ocegueda, chofer de Loya Alatorre, acudió al lugar de los hechos y reconoció a su jefe, cuyo cuerpo estaba tirado en medio de un charco de sangre.

La Procuraduría de Jalisco aseguró las pertenencias de Loya Alatorre: una librera y su teléfono celular. Las indagaciones confirmaron que la librera de apuntes en realidad era una narconómina, en la que estaban anotados los nombres de decenas de personas. También se acreditó que la última llamada que hizo Loya desde el estadio fue al entonces diputado local Jorge Aristóteles Sandoval, con quien tenía amistad.

Tras conocerse el vínculo de Loya con el exalcalde de Guadalajara y actual gobernador de Jalisco, éste negó tener alguna relación con él y que recibiera dinero de tal sujeto, identificado por las autoridades como operador financiero de Ignacio Coronel. Posteriormente aceptó que eran amigos.

Sin embargo, las investigaciones del caso y los datos contenidos en la averiguación previa 029/2007/H.I./A establecen que Loya Alatorre era amigo de Sandoval desde el año 2005.

De acuerdo con esa indagación, Sandoval conoció a Ignacio Loya por medio de Alfredo Barba Mariscal, quien fue secretario del Ayuntamiento de Tlaquepaque e hijo de Alfredo Barba Hernández, líder estatal de la priista Confederación Revolucionaria Obrera y Campesina (CROC).

Según las investigaciones estatales y federales, Aristóteles Sandoval recibía financiamiento de Loya Alatorre para sus actividades políticas. En el expediente referido se incluye la información de que uno de los últimos apoyos que recibió fue por 100 mil pesos, aunque Sandoval Díaz negó haber tomado dinero de Loya y dijo que desconocía las actividades empresariales de su amigo.

Tras su arribo a la gubernatura de Jalisco, en 2011, el narcotráfico se estableció en esa entidad bajo la protección de las policías —que dan cobijo a las actividades de narcomenudeo— y de esa forma se afincaron dos cárteles poderosos: el de Sinaloa y el de Jalisco Nueva Generación.

El grupo de Sinaloa tuvo una etapa de esplendor en Jalisco durante la época en que su representante era Ignacio «Nacho» Coronel, abatido por efectivos del Ejército en 2009 durante un operativo antidrogas.

Coronel vivió protegido todo el tiempo. Se cuenta que los gobernadores en turno que desfilaron desde los años noventa hasta el 2009 brindaron protección a este capo, quien resultó ser clave, al igual que Juan José Esparragoza Moreno, el Azul, en las negociaciones entre los cárteles de Sinaloa y del Golfo.

Coronel tejió fino en la mesa de negociaciones para poner una guerra que por décadas separó a ambos grupos criminales, hegemónicos en sus respectivas etapas: el cártel del Golfo, fundado por Juan Nepomuceno Guerra, fue uno de los más importantes en los años setenta, ochenta y noventa. En esta última etapa Juan García Ábrego, sobrino de Nepomuceno Guerra, alcanzó notoriedad como el capo más influyente, pues durante el gobierno de Carlos Salinas de Gortari se le protegió con todo el aparato policiaco y político.

Eduardo Valle, el Búho, activista del movimiento estudiantil de 1968, periodista y asesor especial en 1993 del entonces procurador general de la república, Jorge Carpizo, integró un voluminoso expediente sobre García Abrego y sus cómplices, a quienes relacionó con el asesinado del candidato presidencial priista Luis Donaldo Colosio.

Como asesor especial de Carpizo, Eduardo Valle, quien falleció de cáncer en 2012 en Matamoros, Tamaulipas, persiguió a García Ábrego y, según decía, sus agentes siempre se toparon con un cerco protector, quienes le avisaban anticipadamente sobre los operativos que se efectuaban para detenerlo.

Infiltrada por el narcotráfico —fenómeno que hasta la fecha prevalece— los altos mandos de la PGR siempre alertaron al capo para que no fuera detenido. Era el narcotraficante consentido del sexenio de Carlos Salinas y algunos de sus hombres cercanos, como Óscar Malherbe, operador financiero, estuvieron en la campaña de Colosio mediante invitación directa de los altos mandos del PRI.

Para el Búho, detrás del crimen de Colosio había todo un complot entre altos funcionarios del salinismo —secretarios de Estado, notarios famosos, lavadores de dinero, operadores financieros y hasta vendedoras de obras de arte, entre otros— que se infiltraron en la campaña de Luis Donaldo y convivieron con él buscando la protección sexenal.

Lo que él no podía entender —y ese era el rompecabezas que en aquel tiempo la PGR no quiso armar— era por qué oficialmente se disponían de todos los recursos para capturar a Juan García Ábrego y al mismo tiempo se le brindaba toda la protección.

«Era como jugar al gato y al ratón —decía—, pues cuando nos alertaban de que el capo estaba en una casa de inmediato realizábamos un operativo, pero al llegar nos topábamos con la sorpresa de que se acababa de ir».

García Abrego —quien mantuvo una férrea rivalidad con el cártel del Pacífico— no fue detenido en el sexenio de Carlos Salinas, en cuyo periodo gubernamental vivió su etapa de esplendor e impunidad.

Fue hasta el año de 1996, ya en el gobierno de Ernesto Zedillo, cuando la PGR lo ubicó en una casa de seguridad en Juárez, Nuevo León, donde fue detenido e inmediatamente deportado a Estados Unidos, pues él también tenía la nacionalidad norteamericana, según se dijo en ese momento.

Sin embargo, uno de sus abogados, Américo Delgado de la Peña —asesinado por el narcotráfico en la ciudad de Toluca, Estado de México— documentó que su cliente no fue deportado sino desterrado del país. Y cuando procedió a solicitar información respecto del operativo sobre su detención y traslado a Estados Unidos, De la Peña terminó sorprendido por las respuestas de las dependencias federales, pues las secretarías de Marina, Gobernación, de la Defensa Nacional y hasta la PGR negaron por escrito que hubieran participado en algún operativo para detener a García Ábrego, a pesar de que fueron claras las imágenes cuando García Ábrego fue subido a un avión oficial para llevárselo a Estados Unidos, donde fue condenado a varias cadenas perpetuas.

Tras el derrumbe de García Ábrego, el cártel del Golfo entró en una etapa de guerra interna: matanzas, ajustes de cuentas y detenciones mermaron casi hasta su exterminio el poder del cártel del Golfo. Fue en 1997 cuando Osiel Cárdenas Guillén, un exmadrina de la extinta Policía Judicial Federal, tomó el mando del cártel tras asesinar a Salvador Gómez Herrera, el Chava Gómez.

Fue la época en la que surgieron los Zetas como grupo armado y cerco protector de Cárdenas Guillén, quien durante su jefatura en el cártel del Golfo logró arroparse con toda la estructura política que en aquel momento encabezada Tomás Yarrington, siendo gobernador de Tamaulipas.

Con Yarrington en el poder, el cártel del Golfo se convirtió de nueva cuenta en una organización poderosa y temible, pues ningún otro cártel competía con los del Golfo, quienes utilizaron el paramilitarismo como instrumento de exterminio de otros grupos rivales.

Actualmente Yarrington está bajo proceso de investigación tras ser acusado de lavado de dinero y de amasar una fortuna, aparentemente injustificable, durante su gobierno y que, según la DEA proviene del narcotráfico.

Osiel Cárdenas está preso en una cárcel estadounidense, donde se declaró culpable de los cargos por tráfico de drogas y lavado de dinero; purga una condena de poco menos de una década.

Sin embargo, a pesar de las detenciones y muertes de capos, nuevos grupos surgen en el escenario criminal y pugnan no sólo por el control del mercado de las drogas: ahora disputan a sangre y fuego el poder político y pretenden adueñarse de la riqueza del país —petróleo, minas, gas, zonas turísticas— con el apoyo de grupos empresariales y políticos. Con Enrique Peña Nieto el narco no sólo se florece y toma el control del país, sino que ya se convirtió en un Estado dentro del propio Estado.

5
El Chapo: fin de una tragicomedia

La fuga de Joaquín Guzmán Loera, El Chapo, el 11 de julio de 2015 —y su posterior recaptura— colocó al presidente Enrique Peña Nieto no sólo en el descredito internacional, sino que ahora es visto como un mandatario maniatado por las redes del Estado mafioso, sin credibilidad y a expensas de los grupos oligopólicos que pretenden adueñarse de los activos petroleros de México.

Haya sido por un túnel o a través de un helicóptero, «la de Guzmán Loera fue una fuga institucional orquestada por la red de complicidades políticas que ha tejido el cártel de Sinaloa con el poder». Y es muy lamentable que el capo sinaloense haya gozado de libertad financiera y de poder durante los diecisiete meses que estuvo recluido en El Altiplano. «Esto es tan absurdo y grave como si no se le hubiera capturado nunca».

Tal es la tesis de Edgardo Buscaglia, asesor internacional en temas judiciales y combate a la corrupción, director internacional de Law and Economic Development Center e investigador principal de la Universidad de Columbia en Estados Unidos.

Buscaglia, quien ha desarrollado trabajos importantes sobre la explosión del crimen organizado en México, aceptó hablar sobre la fuga espectacular de Guzmán Loera, el fenómeno que él llama la «mafiocratización» de México, la debacle política del presidente Enrique Peña Nieto, el horror y corrupción del sistema penitenciario y las consecuencias políticas y criminales que, según él, provocó «la fuga institucional» de Guzmán Loera.

Aunque en lo que va del gobierno de Enrique Peña Nieto se han presentado otras capturas importantes —Vicente Carrillo Fuentes, Héctor Beltrán Leyva (conocido como el H y última pieza de ese temible clan), Omar y Miguel Ángel Treviño, jefe de los Zetas, entre otros—, la fuga del Chapo puso en evidencia la vulnerabilidad del sistema penitenciario del país, el cual, según información de la PGR, está totalmente controlado por el crimen organizado.

Tanto en Tamaulipas como en Veracruz, los Zetas se adueñaron de los penales, pues los convirtieron en negocios cautivos para la venta de droga, alcohol y para las operaciones de la prostitución de todo tipo. Todo ello con la complicidad de las autoridades penitenciarias y hasta de los procuradores, quienes daban su visto bueno para la puesta en marcha de estos jugosos negocios cuyas ganancias salpicaron a todos, incluso a gobernadores que llegaron al poder mediante arreglos con la mafia.

Aunque Guzmán Loera fue recapturado, hasta ahora el gobierno de Peña Nieto sigue sin dar una explicación sobre lo que realmente ocurrió el día de la fuga. Lo cierto es que, como ocurrió en Puente Grande en enero de 2001, el jefe del cártel de Sinaloa corrompió a todas las autoridades del penal de La Palma, aplicando el mismo *modus operandi* que ya se le conocía desde su estadía en Puente Grande, Jalisco.

Algunos pormenores de su primera evasión son muy similares a los que ahora se conocen en su segunda fuga. Por ejemplo, según las investigaciones de la PGR, poco antes de escapar de Puente Grande, Guzmán Loera gozaba de un poder descomunal dentro de la cárcel. Era más poderoso e influyente que el propio director del penal.

Así lo establece el informe que en enero de 2001 fue entregado al entonces presidente Vicente Fox, el cual fue elaborado por la Unidad Especializada en Delincuencia Organizada:

> Al momento de su evasión, el Chapo Guzmán llevaba poco más de siete años de cautiverio y gozaba de un poder absoluto en la cárcel. Sus principales cómplices eran el Güero Palma y Arturo Martínez Herrera, el Texas. Este selecto grupo incluía también a varios custodios que atendían las órdenes del Chapo, a quien le llamaban el Patrón.

Tanto en la primera fuga —la de 2001— como en la de 2015, ocurrieron cosas extrañas en los días previos. Por ejemplo, en la primera huida, Guzmán Loera le pidió al director de la prisión, Leonardo Beltrán Santana, que le ayudara a vender un kilo de oro, propiedad de un reo, para ayudar a su compañero.

En La Palma, sin embargo, Guzmán Loera —quien gozaba de absoluta libertad financiera— logró corromper a las autoridades penitenciarias al tiempo que, con apoyos oficiales, construía un túnel de medio kilómetro para fugarse de la prisión.

La investigación de Puente Grande, a cargo de la extinta Unidada Especializada contra la Delincuencia Organizada (UEDO), aporta elementos que aclaran las circunstancias que rodearon la huida del capo y detalla todos los pasos que dio para imponer su ley en ese penal, ganarse el respeto, ser temido y cambiar las rutinas de la prisión por otras actividades que le facilitaran el plan.

Con el propósito de conocer paso a paso la estrategia de escape, en 2001 se integró un expediente de 47 tomos y se tomaron 313 declaraciones ministeriales. Se efectuaron 42 inspecciones, 55 diligencias de fe ministerial, diez cateos con el respectivo aseguramiento de inmuebles, numerarios, vehículos, alhajas, armas, cartuchos y pequeñas cantidades de mariguana y cocaína.

El informe final, entregado a Rafael Macedo de la Concha, entonces procurador general de la república, establecía:

> Ha resultado extraordinariamente complejo reconstruir los acontecimientos en los que se dio la evasión de Joaquín Guzmán Loera, el Chapo, pues se han tenido que salvar infinidad de obstáculos que en una investigación como ésta se presentan.

Quizá la mayor de las dificultades las presentó el hecho de que la estructura, infraestructura y sistemas oficiales establecidos, creadas ex profeso para garantizar la seguridad del Cefereso 2, fue utilizada por Guzmán Loera para lograr su evasión.

El complejo sistema de seguridad que debió impedir la fuga del reo tornó más difícil la investigación. Dada la forma en que organizacionalmente está el centro de reclusión, a cada uno de los testigos interrogados apenas les pudo constar una pequeña parte de todo lo que significó la fuga de Guzmán Loera. La destrucción de pruebas y evidencias al interior del Centro también dificultaron las pesquisas.

Documentos públicos y registros oficiales del Cefereso no corresponden con los eventos ocurridos, en realidad se trataron de ocultar los verdaderos acontecimientos. Se tuvieron que indagar hechos que, en principio, se consideraban directamente vinculados al acto criminal central, cuando realmente no lo estaban. La intimidación de la que fueron objeto varios de los elementos de seguridad y custodia después de la fuga para que se abstuvieran de referir cualquier información sobre la evasión de Guzmán Loera, también constituyó un problema para el caso. Pese a esto, se ha logrado reconstruir el evento delictivo y todo indica que la evasión fue producto de una operación largamente planeada.

En La Palma, sin embargo, las circunstancias fueron las mismas: Guzmán Loera se coludió con altos funcionarios de la prisión, quienes por dentro operaron en favor de su fuga, en tanto que otro equipo de trabajo realizaba lo propio fuera de la prisión: se compró un terreno para construir una casita que en realidad sirvió como puerta de salida del túnel; se contrataron los servicios de ingenieros especializados en túneles para llevar a cabo las excavaciones y, para ello, se obtuvieron (mediante el robo o filtrados al cártel de Sinaloa) los planos del penal de La Palma —también conocido como Altiplano y/o Almoloya de Juárez— el cual fue construido durante el gobierno de Carlos Salinas de Gortari.

A la par que en el Estado de México, cerca de La Palma, se construía una obra de la Comisión Nacional del Agua (Conagua), en paralelo se abría el túnel por donde se fugó Joaquín Guzmán Loera en julio de 2015, con lo cual se reincorporaba a las filas del cártel de Sinaloa, aunque no por mucho tiempo, pues fue reaprehendido.

Muchas fueron las contradicciones en las que cayeron altos funcionarios del Gobierno Federal sobre la fuga en La Palma, entre ellos el comisionado de Seguridad Nacional, Monte Alejandro Rubido, quien dijo que los constructores del túnel utilizaron sistemas silenciosos, especializados en la ruptura de concreto. Expuso que ninguna autoridad del penal de La Palma se percató de ruido alguno, que todo fue hecho con altos estándares de ingeniería, por lo que nadie advirtió que Guzmán Loera planeara fugarse de la prisión. Todas las versiones oficiales, enderezadas para justificar públicamente la evasión, se fueron desmoronando frente a hechos contundentes que las autoridades no pudieron ocultar.

Alrededor de este caso hubo hechos misteriosos e incluso algunas voces que revelaron verdades fueron silenciadas para siempre. Casi dos meses después de la fuga de Guzmán Loera, Sigifredo Nájera Talamantes, líder zeta y vecino de celda del Chapo, extrañamente falleció de un paro cardiaco. Su muerte no pareció natural.

Conocido como el Canicón, este personaje murió el 7 de septiembre después de haber dicho que él escuchó golpes contundentes en la cimentación de la prisión de alta seguridad: marros, picos, taladros... Lo que le extrañó mucho —dijo antes de morir— fue que ninguna autoridad se percatara de lo que para él era evidente: que estaban rompiendo el concreto. Pero algunos custodios y altos jefes del penal incluso dijeron que todo ese movimiento era parte de unos trabajos de reparación de la cárcel.

Esta versión cobró relevancia luego de la difusión del video con audio donde se reveló que el 11 de julio, cuando se fugó el líder del cártel de Sinaloa, se escucharon ruidos contundentes, lo cual fue ignorado —por omisión o complicidad— por custodios del Cefereso y monitoristas de la Policía Federal.

En el video que dieron a conocer las autoridades para explicar lo que, según ellos, ocurrió, se escuchan amenazas en contra de algunos capos vecinos de Guzmán Loera, quienes les advirtieron a las autoridades penitenciarias lo que estaba ocurriendo en el subsuelo y al interior de la prisión.

Incluso, antes de la fuga de Guzmán Loera, Sigifredo Nájera Talamantes denunció que el capo sinaloense recibía privilegios al interior del penal de máxima seguridad. Después de la evasión de Guzmán, el Canicón falleció de un paro respiratorio.

El mismo Nájera Talamantes fue quien denunció que Celina Oseguera Parra, coordinadora nacional de penales federales, mantenía estrecho contacto con el Chapo Guzmán dentro de la celda que ocupaba en La Palma, lo cual estaba prohibido legalmente y por el reglamento del centro penitenciario.

Actualmente la exfuncionaria está en prisión, acusada de omitir la revisión de los sistemas de seguridad, los cuales siempre estuvieron conectados: el del movimiento debajo de la tierra, el relacionado con el escalamiento de mallas y los sensores sobre ductos y azoteas.

Nadie duda que el Canicón fue asesinado luego de denunciar lo que vio y escuchó previo a la fuga de Guzmán Loera. Incluso María Dolores Talamantes, su madre, relató que antes de que le entregaran el cuerpo de su hijo, la Subprocuraduría Especializada en Investigación de Delincuencia Organizada (SEIDO) le hizo firmar un documento donde le prohibieron realizar una segunda autopsia al cuerpo de Nájera Talamantes.

La señora dijo: «Ni siquiera nos permitieron revisar el cadáver». Ella no dudó que su hijo pudo ser envenenado por lo que denunció.

En medio de toda esta trama, Edgardo Buscaglia afirma que la evasión del jefe del cártel de Sinaloa del penal de máxima seguridad del Altiplano «fue una fuga preanunciada desde hacía más de un año».

—¿Por qué? —se le pregunta al autor de *Vacíos de poder en México* (Grijalbo 2014).

—La forma espectacular hollywoodense con la que Guzmán Loera se escapó ha hecho más notorio ante los ojos de los europeos, norteamericanos y ante el resto del planeta que se le perciba como una especie de Al Capone a nivel nacional en México. Al Capone, en su tiempo, dominaba a los políticos de Chicago y del Medio Oeste norteamericano. Es más que evidente que el Chapo —dijo en julio de 2015— manejaba como un pez en el agua a las instituciones mexicanas, pues provoca mucha risa y a la vez enojo que durante 17 meses de reclusión a este capo no se le haya tocado su poder patrimonial, su poder político y el poder social que dispone y que en gran medida proviene del respaldo de las instituciones oficiales.

»Este personaje —añade Buscaglia—, hoy es visto como el capo de sangre azul de la delincuencia organizada mexicana y por ello se le percibe también en el exterior como una figura emblemática de la corrupción política que sufre México desde hace muchas décadas, y que ha hecho implosión en los últimos quince años de transición política hacia la nada, hacia un limbo que es hoy la fachada democrática mexicana».

Exprofesor del Instituto Tecnológico Autónomo de México y exprofesor invitado de la UNAM, Buscaglia sostiene que esta transición política «hacia la nada» ha convertido al sistema político en una estructura más débil, y en esa medida —afirma— el hijo pródigo de este sistema —Joaquín Guzmán Loera, el Chapo— se ha vuelto más fuerte. De alguna manera Guzmán Loera y su organización se han fortalecido de la debilidad del

Estado mexicano. Y como muestra ahí está su extradición entrampada en vericuetos legales, pero el cártel de Sinaloa se mantiene de pie a pesar de las disputas que enfrenta. Nada le preocupa cuando en más de doce años ha logrado posicionarse en cincuenta países y lavar sus ganancias en los sistemas financieros del extranjero.

De ahí parte la tesis, según el analista, de que el Chapo Guzmán es un producto institucional y por ello tiene la capacidad de manejar a cientos de personas y los millones de dólares que implicó la construcción de un túnel, los sobornos, el uso de tecnología satelital y lo que esto implica en toda su dimensión nos pone en evidencia una realidad: que su fuga, más que un esfuerzo individual o criminal, en realidad fue un esfuerzo institucional criminalizado.

Y añade Buscaglia:

Hay indicadores, precursores de esta fuga que debieron llamar la atención de cualquier persona y que dan cuenta de que este hombre permaneció 17 meses en la cárcel sin que se le hayan tocado sus patrimonios vastísimos —más de mil millones de dólares, según la revista *Forbes*— y que están invertidos en 59 países; no se les tocó a los socios principales, que la prensa ha señalado con nombres y apellidos y que manejan empresas relacionadas con el cártel de Sinaloa.

Con esto quiero decir que este hombre ya se había fugado antes de fugarse. Y la fuga física fue simplemente una consecuencia natural de la fuga patrimonial que ya se venía produciendo con hechos concretos desde hacía muchos meses.

Por corrupción u omisión —dice Buscaglia— todo falló sobre la vigilancia del Chapo Guzmán. A un capo de este nivel que se le captura, normalmente se le dibuja un mapa patrimonial básico, que en el caso de Guzmán Loera no hubiera sido complicado obtener; se le decomisan y congelan propiedades en todo el mundo, a través de la cooperación internacional. Estas acciones lo hubiesen hecho mucho más débil en la cárcel y no se hubiese podido fugar con la facilidad institucional con la que lo hizo. Por lo tanto, este hombre ya se había fugado desde antes del 11 de julio.

6
El miedo a la extradición

De acuerdo con Edgardo Buscaglia, quien viaja de continente a continente asesorando a jueces en temas anticorrupción y crimen organizado, las redes patrimoniales de Guzmán Loera siempre estuvieron a salvo: «En el Altiplano estaba libre, su patrimonio lo manejaba a través del Mayo (Ismael Zambada García, quien lo sustituyó en la jefatura del cártel de Sinaloa tras su detención en febrero de 2014); también intervenían en este manejo financiero sus hijos.

En realidad, el Chapo estaba libre, afirma Buscaglia, y su fuga —insiste—, fue simplemente el último acto espectacular de una libertad que él ya gozaba dentro de la prisión, pues no se le tocó su principal fortaleza y ésta no estriba en las armas sino en los activos con los cuales puede comprar a presidentes de países, jueces, fiscales, senadores, diputados...

Con base en la experiencia internacional de Colombia e Italia —dos de los países que han enjuiciado a capos y desmantelado redes patrimoniales de la delincuencia— Buscaglia dice que si en México se hubiera encauzado un maxiproceso judicial a través de la detención de Guzmán Loera, la mitad de la clase política hubiera caído en desgracia. Pero, por suerte para ellos, en México existe y opera un pacto de impunidad entre toda la clase política. Se van a necesitar a muchos como Gionanni Falcone (quien antes de morir al estallar su automóvil por una bomba colocada por la mafia, procesó a varios capos en Italia) para que se pueda iniciar un maxiproceso dentro o fuera de México.

—¿Le parece a usted creíble la versión oficial de que Guzmán Loera escapó por un túnel?

—Este hombre se fugó y la logística de la fuga como la de su reaprehensión es anecdótica. Puede ser un mito y no, lo cierto es que este capo sigue comprando a la clase política, a senadores y diputados. Haya escapado por un túnel o en helicóptero, la logística es lo que menos preocupa. Es tan creíble como la versión sobre el caso Ayotzinapa de Murillo Karam.

»Esta fuga espectacular de Guzmán Loera es un desafío a la lógica: agujeros que se requieren taladrar, el ruido, mano de obra que se haga presente en los alrededores del penal donde ningún sensor detectó nada. Para mí ésta es una fuga institucional.

»Y curiosamente, cuando me preguntaron qué era esta fuga, yo les dije que era una obra de infraestructura pública, y también dije al diario alemán *Süddeutsche Zeitung* que si la obra pública en

México funcionase con igual eficiencia, este país se desarrollaría con una aceleración admirable.

»Este túnel y la fuga espectacular hay que verlos como una obra pública ejecutada no para dar servicio público sino para que se aparente que el Chapo Guzmán se fugó por un túnel».

—Dos preguntas: ¿qué pasó con el proceso de extradición del Chapo? ¿No le llama la atención que no hayan rodado cabezas del más alto nivel del gobierno federal como presuntos responsables de la fuga y protección al Chapo Guzmán?

—Es probable que al Chapo se le prometió lo mismo que a Pablo Escobar en su época: que no se le iba a extraditar, historia que ya cambió porque ahora dicen que sí lo extraditarán a Estados Unidos. Es claro que no fue un pacto judicializado lo que produjo esta promesa. Aunque sin duda lo peor para Guzmán Loera hubiera sido la extradición inmediata porque en Estados Unidos el sistema tiene mucha más capacidad de operación para que estos capos brinden información a cambio de proteger sus activos.

Y si esto se hubiera dado, dice Buscaglia, lo más probable es que se hubiera abierto un juicio internacional contra Guzmán Loera y buena parte del sistema político mexicano. Un juicio en Estados Unidos habría puesto fin a este pacto de impunidad que mantiene blindados al presidente y a gran parte de la clase política. Lamentablemente la fuga de Guzmán Loera extiende ese pacto de impunidad político.

Ahora, el por qué no han rodado cabezas después de la fuga tiene una razón: el presidente Peña ha sido reducido a una mera figura decorativa donde los oligopolios y la mafia tienen el control del Estado. Por más que él pretenda empujar el cambio de un secretario de Estado, pues simplemente no se lo autoriza el verdadero poder de México, que es la mafia enquistada en el mismo poder. Cada brazo de la delincuencia tiene poder en el gabinete a través de los propios secretarios de Estado. Por eso no es tan fácil que los cambios se concreten por la sola decisión del presidente.

—¿Cuál es su punto de vista sobre el sistema penitenciario mexicano? ¿Cumple o incumple con su función?

—El sistema penitenciario es un eslabón del poder judicial, pero nunca estuvo sujeto a una reforma modernizadora que la haya puesto bajo los controles institucionales.

»Hoy en día el sistema carcelario está fragmentado y se ha transformado en cotos de caza para grupos criminales que pujan hacia el poder sobre fragmentos de ese sistema penitenciario, y donde el cártel de Sinaloa tiene gran preponderancia sobre las cárceles mexicanas, tanto estatales como federales.

—¿Qué son las prisiones mexicanas para usted?

—Agujeros negros que jamás han sido revisados si sujetos de controles, luego entonces son escuelas de la delincuencia organizada donde no son los jueces los que dictan las sentencias o liberaciones.

Son los propios criminales los que deciden cuándo y cómo salir de la prisión. Y el ejemplo más claro y reciente es el Chapo Guzmán

Para Edgardo Buscaglia, el presidente Enrique Peña Nieto termina sepultado en el escenario internacional por su falta de credibilidad y por el colapso institucional al que ha conducido al país en los primeros tres años de gobierno.

Buscaglia explica el complicado escenario en el que está imbuido Peña Nieto:

—Es carne de cañón para los oligopolios internacionales. Nada le conviene más a un oligopolio internacional petrolero, por ejemplo, que negociar con un presidente débil al cual le pueden imponer los términos estructurales, los términos del intercambio.

»Entonces un presidente débil les conviene a todas estos megaconsorcios petroleros ya sean estatales o privados que llegan a México para adueñarse del sector petrolero. Y qué mejor escenario que éste: un presidente débil, sin credibilidad, desprestigiado, maleable, al cual se le puede presionar en todos los sentidos.

»Ahora, en cuanto a la posición de México hacia el futuro, pues resulta toda una pesadilla promover el bienestar, no solamente de México sino de la región, porque el presidente y su administración han perdido toda credibilidad internacional, ya que uno de los grandes problemas que se observan en Estados débiles, como el de Nigeria o México, es que por más que tengas a la madre Teresa como presidenta, la mano derecha del Estado no sabe lo que está haciendo la izquierda.

»Entonces negociar con un presidente débil equivale a que se puedan firmar papeles, pero la implementación de lo firmado normalmente el presidente Peña Nieto no lo puede controlar, por lo tanto esto equivale a un retraso en la posición geoestratégica mexicana hacia la región.

»Un presidente que no va a poder generar una política exterior, no funciona: Centroamérica está mirando hacia el sur, mira a Europa, mira hacia Asia, pero no mira hacia México, entonces muchos empleos se van a dejar de crear debido a esta situación, es decir, el efecto multiplicador es nefasto, pero no solamente se concentra en la fuga del Chapo, sino en toda una serie de tragedias creadas por el propio Estado.

»Masacres del Ejército —enumera Buscaglia—, desapariciones forzadas de decenas de miles de personas que el Estado no puede resolver. Entonces todo esto no es sólo una mancha más al tigre: es un clavo más al ataúd de la clase política gobernante».

—El escenario que usted pinta es caótico, el desastre del presidente y de su gobierno en tres años. Una suerte de banda presidencial que llegó al poder para hundir al país. ¿Usted no ve una salida, que un golpe de timón rescate al país del abismo?

—No.

»El presidente no puede promover a gente en la medida en que él es un *primus interpare* (el primero entre iguales), y en un Estado débil el presidente no controla ni a su propio gabinete. El poder político del gabinete del presidente Peña Nieto es controlado desde afuera por los oligopolios mexicanos. Por ello el poder está muy atomizado en fracciones políticas y ha dejado de estar en el PRI, en el PAN o en el PRD en el sentido tradicional. El control está entre los oligopolios y la delincuencia organizada.

—Edgardo, se impone preguntarte qué va a pasar con el presidente Enrique Peña Nieto, quien está llevando al país a la bancarrota. Y, ¿qué va a pasar con Guzmán Loera? ¿Será extraditado, como se ha dicho?

—Lamentable y paradójicamente Peña Nieto y Guzmán Loera, por razones diferentes, son la cara suicida del Estado mexicano. Peña o cualquier presidente que llegue a serlo en México y quiera realmente comenzar una purga contra la corrupción, va a tener que cometer un suicidio porque se va a tener que llevar por delante a sus hermanas y hermanos en corrupción, como ha sucedido en otros países.

«El presidente que decida hacer eso tiene que cometer un haraquiri, pero creo que Peña Nieto no lo va hacer, no tiene vocación para eso».

—¿Ves a alguien que sí quiera emprender ese reto?

—En todo país surgen líderes cuando hay sensación colectiva de hartazgo popular y a la vez eso se junta con una sensación de la clase política corrupta de que la situación no puede seguir como hasta ahora, porque pueden perder sus puestos en un proceso de inestabilidad política si las cosas siguen así. Y cuando eso ocurra comenzarán los cambios.

—El suyo es un optimismo que parece no dar cabida al pesimismo social?

—Cuando comiencen a surgir nuevos rostros en la política, candidatos presidenciales con nuevas ideas, esos cambios llegarán y de a poquito se comenzará a purgar el Estado. Esto no se puede predecir con día y fecha. Pero va a suceder. Esta sensación de hartazgo social hace que surjan muchos nuevos políticos que quizá hoy son parte del problema pero que en algún momento sentirán la urgencia y el deseo, por sobrevivencia política y personal, de ser parte de la solución.

Buscaglia a menudo ejemplifica este posible cambio en México con lo ocurrido en Colombia, donde el narcotráfico imponía a los presidentes desde finales de los años sesenta. Y ocurrió que Colombia se volvió un país invivible hasta para los propios criminales, a grado tal que fueron los mafiosos —explica— los que decidieron hacer los cambios necesarios. Por eso afirma que las soluciones en casos como el de México —donde gobierna el crimen organizado— vendrán del propio problema y no de un «mesías» que piensa que con sólo tomar decisiones las cosas van a cambiar.

★★★

La recaptura de Joaquín Guzmán Loera, festinada por el presidente Peña Nieto, no borró los yerros y desatinos de su gobierno exhibidos con la fuga de julio de 2015.

La reaprehensión, con todos sus detalles espectaculares y ocurrida aparentemente por un error del Chapo al decidir por una ruta equivocada —quería reunirse con sus hijos y esposa en Los Mochis, Sinaloa— tensaron las relaciones al interior del cártel de Sinaloa. Con el paso de los meses, la guerra estalló en Badiraguato y nadie ha puesto fin a las disputas por el codiciado territorio que el Chapo dominó por más de doce años.

Sin embargo, paralelamente a la versión del citado *error*, también estalló otro escándalo ligado a la recaptura de Guzmán Loera: que la Policía Federal y la Marina dieron seguimiento a los pasos del jefe del cártel de Sinaloa a raíz de que se filtró información en los más altos niveles de la inteligencia oficial respecto de que la actriz mexicana Kate del Castillo visitaba al Chapo en su escondite de Sinaloa, para preparar una película sobre la vida del capo. En dicho proyecto también participaba el actor estadounidense Sean Penn, a quien supuestamente las autoridades mexicanas dieron seguimiento puntual al pisar suelo mexicano.

Estos encuentros entre Guzmán Loera y Kate del Castillo habrían sido un elemento clave para que las autoridades de la PGR ubicaran al Chapo Guzmán y comenzara el operativo para su recaptura. Dentro de toda esta maraña se pretendió implicar a la actriz con el narcotráfico, pues se dijo que el Chapo le había pagado cinco millones de dólares como adelanto para la película y que otras sumas cuantiosas las había invertido en algunas empresas. Nada de esto pudo comprobarse.

Lo que sí quedó claro, porque la propia Kate del Castillo así lo reconoció, es que, en efecto, el proyecto de la película existía y que sus entrevistas con Guzmán Loera siempre tuvieron que ver con temas de su vida, cómo se inició en el narcotráfico, sus fugas y su historia, pues todo ese material —explicó— formaría parte de un guion para comenzar a estructurar la historia del capo. El dato de que entre Kate del Castillo y Guzmán Loera existía un romance fue desmentido por la actriz.

Poco después de una entrevista entre Sean Penn, Kate del Castillo y el Chapo Guzmán en uno de sus ranchos de Durango —en el mero corazón del llamado Triángulo Dorado— las autoridades mexicanas tuvieron informes más precisos del paradero del Chapo y de sus movimientos. Fue entonces cuando la Policía Federal y la Marina echaron a andar el plan de acción en Sinaloa, Sonora, Durango, Nayarit y otras entidades donde, según los informes de inteligencia, Guzmán Loera tenía escondites y varios refugios.

Su detención fue de película: el capo sinaloense se encontraba en una casa de seguridad habilitada con acceso a túneles que cruzaban por buena parte de la ciudad de Los Mochis, Sinaloa. Allí se encontraba con su esposa, Emma Coronel —hija del capo Nacho Coronel, abatido a tiros en 2010, en Guadalajara— y varios sicarios a su servicio, entre ellos, Orso Iván Gastélum Cruz, su lugarteniente, con quien fue detenido.

En ese sitio, que parecía una suite de hotel, había espejos, puertas corredizas que conducían a otros pasadizos, espacios secretos, muebles desacomodados y sobre éstos un montón de medicamentos de todo tipo. Si en el penal de Puente Grande, Jalisco, el Chapo tenía en forma permanente su dotación de Viagra para aliviar sus problemas de impotencia sexual, en la casa donde fue detenido en enero de 2016 había jeringas e inyecciones de testosterona, una hormona cuya función es mantener elevada la libido y en consecuencia la erección cuando las personas padecen algún tipo de disfunción eréctil.

Efectivos de la Secretaría de Marina localizaron el escondite del Chapo, aparentemente como consecuencia de un trabajo de inteligencia, aunque también circuló la versión de que un delator filtró el dato. Oficialmente se dijo que el personal de la Marina fue agredido a tiros, lo que devino en una balacera y persecución. Guzmán Loera y Gastélum Cruz abandonaron la propiedad y se introdujeron por unas escaleras hacia los túneles del drenaje, avanzaron velozmente en medio de las aguas negras y después de un largo recorrido ambos salieron por una alcantarilla, en plena ciudad. Luego robaron un vehículo para escapar, pero fueron interceptados por policías y marinos.

El presidente Peña Nieto festinó la recaptura del Chapo después de varios meses de pesadilla tras conocer la noticia de su fuga por un túnel en julio de 2015, cuando arribó a París para una visita de Estado. En aquel momento, uno de los más fatídicos para su gobierno, Peña Nieto atravesaba la crisis de credibilidad más severa: se había descubierto la corrupción con la llamada Casa Blanca, estaba candente el tema de la desaparición de los 43 normalistas de Ayotzinapa y la crisis financiera de la mano con la violencia generalizada causaba estragos en todo el país frente a un gobierno sin capacidad de reacción.

El presidente Peña Nieto lavó la afrenta que sufrió tras la fuga, dijo que todo fue producto de un trabajo de inteligencia y no reconoció ningún tipo de cooperación internacional. La procuradora general de la república, Arely Gómez, explicó entonces que el Chapo Guzmán fue detenido a causa de su pretensión de filmar una película biográfica y que, para ello, el jefe del cártel de Sinaloa estableció comunicación con actrices y productores, y todo ello —dijo— permitió documentar encuentros entre el abogado del capo y esas personas (Kate del Castillo y Sean Penn).

Tras su recaptura, el presidente Peña, como se esperaba, de inmediato ordenó su pronta extradición a Estados Unidos, sin embargo, los abogados del capo interpusieron diversos amparos, algunos le favorecieron y otros no tanto. La Secretaría de Relaciones Exteriores otorgó su visto bueno para dar paso a la extradición a fin de que Guzmán Loera fuera enviado a Estados Unidos, donde enfrenta cargos por tráfico de drogas, homicidio, lavado de dinero, cohecho, conspiración, entre otros delitos graves relacionados con la delincuencia organizada.

Recluido en el penal de La Palma, de donde se fugó, el Chapo permaneció pocas semanas. Estaba custodiado de día y de noche por personal de la Marina, quienes montaron una guardia para evitar una tercera fuga. Ante las presiones que se originaron, en el sentido de que Guzmán Loera estaba en una celda de castigo y sin poder salir, las autoridades penitenciarias ordenaron su traslado a una prisión de alta seguridad de Ciudad Juárez, Chihuahua. Ahí espera el veredicto final sobre su extradición a Estados Unidos, lo que hasta ahora ha retrasado mediante recursos dilatorios.

Lo que el Chapo no pudo frenar luego de su recaptura fue la violencia en Badiraguato, Sinaloa, el territorio donde nació y que durante años mantuvo bajo férreo dominio. A finales de agosto de 2016, mientras su defensa interponía amparos y otros recursos legales para impedir su extradición, miembros del cártel de Sinaloa que en otro tiempo estuvieron bajo sus órdenes se enfrascaron en una guerra interna por el control de ese territorio y del boyante negocio del tráfico de drogas.

En junio de 2016 un ataque armado, perpetrado por unos setenta hombres bajo las órdenes de Alfredo Beltrán Guzmán, llamado el Mochomito —hijo de Alfredo Beltrán Leyva, el Mochomo, preso en Estados Unidos por tráfico de drogas— irrumpió con armamento de alto poder a la comunidad conocida como La Tuna, una de las bases de operaciones de Joaquín Guzmán Loera, y a base de amenazas y disparos hizo abierta la declaración de guerra en contra del hegemónico cártel de Sinaloa.

Este hecho —en otro tiempo impensable por el poder que ejercían Guzmán Loera, Juan José Esparragoza Moreno, el Azul e Ismael Zambada García, el Mayo, curiosamente de éste último poco se habla— desató una oleada de violencia y sin más puso fin al poder del Chapo, quien pasó a ser una leyenda, un pedazo de historia cuyas piezas, como un rompecabezas, con el paso del tiempo se irán colocando en su lugar.

El comando armado —del que tuvieron noticia las autoridades de Sinaloa y no pudieron hacer nada para frenar la violencia— tocó la puerta de la señora Consuelo Loera, madre del Chapo, quien vive en una amplia casa en La Tuna.

En el momento del ataque, doña Consuelo se encontraba en su casa y, como de costumbre, estaba bajo el cuidado de una señora de su confianza que, entre otras cosas, le ayuda en el quehacer hogareño. Aquel 11 de junio parecía apacible. Sin embargo, el grupo armado irrumpió en la casa de la señora Loera. Uno de los gatilleros, según se pudo confirmar, le apuntó en la cabeza a la trabajadora doméstica y le pidieron las llaves de la casa. Aquellos forasteros que iban armados hasta los dientes comenzaron a realizar una revisión general, se robaron unas motocicletas, en tanto que otros sicarios comenzaron a buscar el cable del internet. Cuando hallaron las conexiones de inmediato cortaron el servicio para que no hubiera ningún tipo de comunicación. Iban tras Aureliano Guzmán, el Guano, a quien no encontraron.

La violenta irrupción a La Tuna no duró mucho tiempo. Fueron unos minutos de pesadilla que para los pobladores parecieron interminables. Después, el comando armado salió de la casa de la señora Consuelo y comenzó a rafaguear las casas aledañas. Y no sólo eso: también les prendieron fuego a algunas viviendas, señal de que ahí vivían los enemigos. Al ver que aquella violencia podía terminar en una matazón, la señora Loera fue llevada a toda prisa por su acompañante hasta una avioneta aparcada cerca de un paraje que pudo despegar de una pista clandestina presuntamente preparada para ese tipo de eventualidades.

El grupo armado, calculado por las autoridades de Sinaloa en unos cien hombres, permaneció en La Tuna por varios días infundiendo terror, baleando casas y asesinando a personas que eran consideradas rivales de los Beltrán Leyva. Según informes oficiales, durante la irrupción violenta tres hombres murieron en la comunidad de Arroyo Seco, y de acuerdo con testigos, dos más fueron asesinados.

La saña no tuvo límites. El llamado ejército del Mochomito prendió fuego a un hombre de la cintura a los pies. Salvó la vida. En La Tuna llegaron a una casa y preguntaron por una persona. La madre, atemorizada, negó que estuviera ahí. A empujones sacaron a la anciana y aplicaron la operación ratón: rociaron la casa con gasolina y le prendieron fuego para que el sujeto saliera y así ejecutarlo.

La estadía del comando del Mochomito en La Tuna y zonas aledañas no fue casual, fue una forma de decirle a los rivales —los miembros del cártel de Sinaloa— que ya había nuevo jefe en la zona: Alfredo Beltrán Leyva, quien tiene 24 años y proviene de una estirpe mafiosa: es nada menos que sobrino de Joaquín Guzmán Loera y de Arturo Beltrán Leyva, llamado el jefe de jefes y quien se abatió a tiros con efectivos de la Marina en diciembre de 2009 en Cuernavaca, Morelos. La madre de Alfredo Beltrán Guzmán es Patricia Guzmán Núñez, sobrina de Guzmán Loera.

El operativo violento en La Tuna sorprendió a todos, pues a ese pueblo no se puede entrar sin permiso, ya que está siempre custodiado por hombres armados. Entrar por decisión propia «es casi jugarse la vida», sostuvo el periódico sinaloense *RíoDoce* tras el ataque armado, el cual también detalló la logística que pudo haber seguido el comando al servicio de los Beltrán:

> El pueblo de La Tuna siempre ha estado blindado, y entrar a esa comunidad sin permiso es casi jugarse la vida.
>
> Por eso, los más de 150 hombres que entraron a tomarlo lo hicieron de noche y para ello tuvieron que atravesar caminando cerros y brechas hasta llegar a su objetivo; la mayoría de ellos lo hicieron por la parte norte del pueblo, según se dice, del lado de Chihuahua.
>
> En La Tuna nadie se esperaba el asalto y como el Guano (Aureliano Guzmán, hermano de el Chapo) no se hallaban en el pueblo, los asaltantes, encabezados por gente de los Beltrán Leyva y otros socios de Ernesto Guzmán, no batallaron para hacerse del pueblo y despojar a sus habitantes de varios vehículos, incluyendo Razers, motocicletas todo terreno y camionetas 4x4.
>
> «Puros beltranes aquí; ellos sí que pagan bien, no como los guzmanes», dicen que los pistoleros gritaban a los cuatro vientos mientras recorrían el pueblo, en tanto otros cortaban los cables del teléfono y de internet para evitar toda comunicación.

Parecía que había acabado todo, y al día siguiente, mientras velaban el cuerpo de Ángel Guzmán, los pistoleros de los Beltrán Leyva regresaron al pueblo y entraron con violencia al funeral, para sacar a otros punteros del Guano que ahí se encontraban.

Luego de desarmarlos e hincarlos en la calle, hicieron que ambos punteros se pusieran las manos detrás de la nuca, para entonces ejecutarlos con rifles AK-47.

A su corta edad, el Mochomito no sólo muestra ser un hombre bragado sino violento y sin piedad de nadie; en el llamado Triángulo Dorado ya se hizo famoso, pues una vieja regla mafiosa sostiene que el corrido —instrumento de comunicación célebre durante la Revolución Mexicana— era una forma de hacer crecer una figura —en este caso criminal— para que el imaginario colectivo lo considerara poderoso y temido.

Por ello, Alfredo Beltrán Guzmán ya tiene hasta corridos que se escuchan en bares y cantinas de esa región sinaloense, por lo que las letras son ampliamente conocidas. Uno de estas composiciones dice: «Soy Alfredo Tito, a mí me dicen muchos, soy hijo del señor Alfredo Beltrán, es mi padre y yo por él daría mi vida y él por mí haría lo mismo sin pensar... En La Palma nacieron estos recuerdos, de consejos de mi tata y mi papá, hoy soy hombre y nunca olvido aquellos tiempos, en mi mente siempre los he de llevar, el apoyo hasta la fecha yo lo tengo, también cuento con mi tío Joaquín Guzmán...».

En otras de esas piezas, Beltrán Guzmán refiere su atracción por los caballos «que al ritmo de un buen corrido han de bailar», no oculta —dice la letra— su gusto por las pistolas «que si se ocupan también las sé disparar».

El corrido también dice que es bonito tener gente de confianza a su alrededor y amistades «con las que se puede contar», al tiempo que muestra su aprecio por sus primos Iván y Alfredo Guzmán, hijos de Joaquín Guzmán Loera, el Chapo.

Pero la estrechez de la relación con Guzmán Loera, ponderada en el corrido, en la realidad no existe: diversos testigos señalan que fue precisamente Alfredo quien ordenó el ataque a la casa de la madre del Chapo y se dice que, al enterarse del evento, el exjefe del cártel de Sinaloa sólo habría externado preocupación por lo ocurrido.

Como parte de su estrategia de terror, y con el fin de tomar el control del cártel de Sinaloa al menos en la región que controlaba Joaquín Guzmán, los hombres al mando del Mochomito se afincaron también en otros municipios y demarcaciones como La Palma y Arroyo Seco, donde continuaron intimidando a la población durante seis jornadas: del 11 al 17 de junio. Al día siguiente arribaron a La Tuna soldados del Ejército Mexicano. Esta modalidad de tomar el poder forma parte de un antiguo código de la mafia cuando nadie quiere reconocer al nuevo jefe ni aceptar que el que existía ya no está. Es entonces cuando el liderazgo y el poder se imponen a sangre, fuego y miedo. Y siempre gana el más fuerte. En este caso es claro que ya no se veneran los códigos: el respeto a los familiares, pues lo que importa es el poder.

De acuerdo con información de la Drug Enforcement Administration (DEA), la guerra interna en el cártel de Sinaloa —que divide y confronta a sus miembros— podría estar orquestada por el viejo capo de la antigua guardia: Rafael Caro Quintero, quien entre los años setenta y ochenta fue jefe del cártel de Guadalajara y en cuya etapa de esplendor gozó del poder y de la impunidad junto a sus socios: Ernesto Fonseca Carrillo (tío de los hermanos Carrillo Fuentes), Juan José Esparragoza Moreno, el Azul; Miguel Ángel Félix Gallardo, Manuel Salcido Uzeta, el Cochicolo (asesinado en 1991 por robarse cuatro toneladas de cocaína), pero el antecesor de todos ellos fue el caribeño Alberto Sicilia Falcón, nacido en Matanzas, Cuba, en 1945 y quien creó una red de tráfico de drogas entre su tierra natal, Estados Unidos y México. En 1970 fincó su centro de operaciones en Tijuana, Baja California.

Caro Quintero fue jefe del cártel de Guadalajara en los años ochenta y en esa época se vio perseguido por la DEA —que ya operaba abiertamente en México—, particularmente por Enrique Camarena, quien vivía en un hotel en Guadalajara, cerca de la mansión de Caro Quintero, desde donde lo espiaba, pues en dicho hotel le permitieron instalar todo un sistema de escuchas telefónicas para seguir los pasos del poderoso capo.

Tras la muerte de Camarena —asesinado por el cártel de Guadalajara— cayeron en prisión Caro Quintero, Félix Gallardo y Fonseca Carrillo: a los tres los sentenciaron por tráfico de drogas y por la muerte de Enrique Camarena.

Caro Quintero estuvo preso durante 28 años, y cuando cayó prisionero se hizo aún más famoso —no sólo por regalar a políticos y amigos carros Grand Marquis de lujo— porque entonces dijo que tenía tanto dinero que podía pagar la deuda de México contraída con Estados Unidos.

En agosto de 2013, al resolverse un amparo en su favor —el argumento judicial sostiene que la autoridad que juzgó y sentenció a Caro Quintero no era competente— fue liberado y se afirma que se internó en el Triángulo Dorado, su viejo feudo, para emprender la batalla por la recuperación de su territorio, que incluye los estados de Durango, Sinaloa, Sonora y Chihuahua. En esta última entidad fue dueño del rancho El Búfalo, donde grandes extensiones de tierras se utilizaban para la siembra y cultivo de marihuana, y cuyos sembradíos eran vigilados por efectivos del Ejército. En aquel tiempo, el entonces secretario de la Defensa Nacional, Juan Arévalo Gardoqui, se vio salpicado en ese escándalo.

En su nueva etapa como capo, Caro Quintero se habría relacionado con la célula de los hermanos Beltrán Leyva y Alfredo Beltrán Guzmán sobrino del Chapo, sería su pieza de avanzada para ocupar los territorios de Guzmán Loera, uno de los más codiciados precisamente por estar enclavado en una zona geográfica privilegiada donde el tráfico de todo tipo de drogas ha florecido al amparo del poder político.

Los hermanos Beltrán Leyva fueron muy poderosos incluso mucho antes de la primera fuga de Joaquín

Guzmán Loera del penal de Puente Grande, Jalisco. Arturo, Héctor y Alfredo fueron quienes lo ayudaron no sólo a escapar de la prisión, sino que durante varios meses lo mantuvieron a resguardo, pues el clan Beltrán Leyva dominaba buena parte del Pacífico y tenía férreos controles en el Estado de México cuando Enrique Peña Nieto fue gobernador.

Se afirma que, con el apoyo de los Beltrán y los respaldos político y policiaco, Guzmán Loera permaneció escondido en esa entidad, así como en el estado de Morelos. Fue en esta última demarcación donde organizó una cumbre de capos pocos meses después de su fuga, a la que asistieron 25 jefes. En ese entonces el Chapo tenía los mejores controles y relaciones que le garantizaron no ser molestado por mucho tiempo.

En aquella cumbre trazó lo que sería su futuro: unir a Ismael Zambada García, Ignacio Coronel, Juan José Esparragoza Moreno, Vicente Carrillo y Arturo Beltrán Leyva en una federación que controlara todas las plazas del país, le arrebatara los estados de Nuevo León y Tamaulipas al cártel del Golfo y golpeara hasta exterminar a sus viejos rivales: los hermanos Arellano Félix. Incluso existe una versión hasta ahora no desmentida: que fue el propio Guzmán Loera quien habría filtrado la información a las autoridades federales de México para que en 2003 fuera detenido en la ciudad de Puebla Benjamín Arellano Félix .

Aquel grupo se convirtió en un verdadero «trabuco criminal» para las autoridades mexicanas. La división de las operaciones quedó de la siguiente manera: al frente de la guerra que la Federación desató en Nuevo León quedó Arturo Beltrán Leyva. El brazo derecho de Beltrán —también llamado el Barbas— fue un expresidiario de origen texano: Edgar Valdez Villarreal, la Barbie, quien había militado en el cártel del Golfo.

Tanto Beltrán Leyva como la Barbie construyeron su propio brazo armado y fue así como surgió el grupo los Pelones y los enviaron a conquistar la plaza de Nuevo León y Tamaulipas a punta de balazos, muertes, secuestros, levantones y mostrando la saña como instrumento de guerra para posicionarse en el territorio. Este comando se enfrentó a los Zetas que hasta 2003 fungían como cerco protector de Osiel Cárdenas Guillén, líder del cártel del Golfo.

Los operadores de Guzmán Loera se asociaron con un empresario vinculado al narcotráfico y quien había sido policía en Nuevo León: Jaime Valdez. Su función: reclutar policías. Y así lo hizo: un exagente federal, José Luis Figueroa, reveló que los miembros del cártel de Sinaloa le habían ofrecido al jefe del centro de mando de la antigua AFI (Agencia Federal de Investigaciones), Domingo González Díaz —ligado a Genaro García Luna— cuatro millones de dólares. El trato era para que detuviera a Osiel Cárdenas y cambiar al comandante de la AFI para poner en su lugar a un recomendado del cártel de Sinaloa.

La relación con Jaime Valdez, operador del cártel de Sinaloa en Nuevo León, terminó mal. Arturo Beltrán Leyva lo acusó de haberse robado 450 kilos de cocaína y ordenó su asesinato. Los sicarios intentaron matarlo. Le dispararon varios balazos de los cuales diez de AK-47 se incrustaron en su cuerpo. Valdez sobrevivió, pero quedó parapléjico.

En el año 2003 la batalla por el corredor Tamaulipas-Nuevo León cobró un nuevo giro. Osiel Cárdenas fue aprehendido por el Ejército en un operativo espectacular. Parecía que esta detención fortalecería a los miembros de la Federación y el tráfico de drogas quedaría en manos de un solo grupo. Pero no fue así. Tras la caída de Osiel, los Zetas se independizaron, pues la división surgió por desacuerdos y así comenzó una guerra en el cártel del Golfo por el control de esa región.

Pero en un negocio tan jugoso como el narcotráfico, las alianzas suelen ser efímeras. Eso fue justamente lo que ocurrió también al interior de la Federación o cártel de Sinaloa: un desacuerdo por dinero y drogas rompió las relaciones entre Guzmán Loera, Zambada García y Vicente Carrillo Fuentes. La relación, que ya estaba fracturada, terminó de quebrarse cuando Rodolfo Carrillo, conocido como el Niño de Oro, asesinó a dos operadores de Guzmán Loera en Culiacán. La venganza no se hizo esperar: sicarios al servicio del Chapo mataron a Rodolfo y fue así como se desató lo que en el año 2004 se conoció como la Narcoguerra Nacional.

El sueño de la Federación se comenzó a derrumbar al tiempo que crecían las disputas y rencillas internas en el cártel de Sinaloa. Los hermanos Beltrán Leyva rompieron relaciones con Guzmán Loera —pese a la vieja relación que los unía y que parecía indisoluble— y se declararon la guerra: Arturo Beltrán fue asesinado en Cuernavaca, donde vivía custodiado por militares; Alfredo fue detenido, recluido en el penal de Puente

Grande, Jalisco, y posteriormente extraditado. Y Héctor, llamado el H, el Ingeniero o la Muerte fue detenido en Guanajuato. Era discreto en sus operaciones, pues se hacía pasar como empresario. Fue el heredero del cártel en el año 2009 y desde entonces cambió su forma de operar y conducirse. Su fuerza aumentó tras aliarse con los Zetas y grupos de Guerrero. Tomás Zerón, entonces agente antinarcóticos de la PGR, lo describió así tras ser detenido:

> Se mantuvo discreto y con bajo perfil, evitaba llamar la atención de vecinos y autoridades. Dejó los vehículos de lujo que solía presumir y se hizo pasar como empresario de bienes raíces. El día que lo detuvieron estaba comiendo en un restaurante de mariscos en San Miguel de Allende, Guanajuato. Traía consigo dos pistolas y lo acompañaba un guardaespaldas.

¿Terminó la era de los hermanos Beltrán Leyva?, se le preguntó a Francisco Abundis, director de Opinión de la empresa Parametría, tras la captura del H, a lo que respondió:

> Hay dos tipos de cárteles: al que le quitan la cabeza y lo afectan gravemente, y otro que ya tiene asegurado su relevo; en el caso de este grupo, los Beltrán Leyva, el heredero posible es Fausto Isidro Meza, el Chapo Isidro, quien encabeza la batalla en el cártel de Sinaloa.

Sin embargo, la PGR, a través de Tomás Zerón, sostuvo que tras la captura de Héctor Beltrán este cártel perdió fuerza e influencia al menos en una decena de estados mexicanos, donde operaba una amplia red de corrupción y lavado de dinero.

La realidad, empero, marca otro escenario: que con el impulso de Caro Quintero los Beltrán no están extinguidos, pues la pieza clave de una nueva generación de capos es precisamente Alfredo Beltrán Guzmán, el Mochomito, quien, como ya se dijo, busca apoderarse del cártel de Sinaloa. Caro Quintero reforzó los argumentos para salir de la prisión aduciendo un estado deteriorado de su salud, pero el gobierno de Estados Unidos, a través de sus agencias de inteligencia, sostienen lo contrario, que Caro Quintero «está implicado en el narcotráfico» y lo consideran una amenaza para la seguridad de México y de Estados Unidos.

La guerra contra el cártel de Sinaloa tuvo otro episodio que pudo terminar en tragedia: el secuestro de Alfredo Guzmán, hijo del Chapo, en el restaurante La Leche de Puerto Vallarta, Jalisco. Este hecho ocurrió el lunes 7 de agosto de 2016, dos meses después de que el comando armado de Alfredo Beltrán Guzmán irrumpiera en La Tuna para apoderarse del control de la organización criminal.

Esa noche, un grupo de personas, entre mujeres y hombres, a bordo de vehículos de lujo, arribaron al restaurante La Leche de Puerto Vallarta. Estaban sentados y acomodados en una gran mesa. Todo era lujo, sonrisas, alegría. Entre los comensales estaba Jesús Alfredo Guzmán, hijo de Joaquín Guzmán Loera, quien supuestamente estaba acompañado por su hermano, Iván Archivaldo Guzmán Salazar. Este último estuvo preso en La Palma, acusado de lavado de dinero y tráfico de drogas, pero recuperó su libertad por falta de pruebas.

La cena iba a comenzar cuando hacia la medianoche un grupo armado irrumpió en el lugar y secuestró a Jesús Alfredo Guzmán y a cinco personas más, quienes fueron subidas a diversos vehículos y llevadas a un lugar desconocido.

El hecho trascendió en todo el mundo, pues este episodio ponía en claro que la guerra contra el cártel de Sinaloa y los herederos de Guzmán Loera estaba declarada. Y es que a Jesús Alfredo se le considera el relevo natural en la jefatura del cártel de Sinaloa, aunque diversas autoridades lo han desmentido y por momento minimizado.

El secuestro de Jesús Alfredo —quien fue liberado dos días después sano y salvo— se le atribuyó al cártel de Jalisco Nueva Generación, encabezado por Nemesio Oseguera Cervantes, exsocio de Guzmán Loera y actualmente uno de sus principales rivales en el Pacífico mexicano.

Tras la liberación de Jesús Alfredo Guzmán, ninguna autoridad local ni federal explicó las razones del secuestro. Trasciende, sin embargo, que el plagio fue para negociar algún acuerdo con Joaquín Guzmán Loera o para cobrar una vieja cuenta pendiente.

7
El Mencho:
un sanguinario protegido

CONVERTIDO EN EL CAPO MÁS EXITOSO DE LOS últimos cinco años, sanguinario y protegido por policías, militares y hasta por altos funcionarios del gobierno de Jalisco, Nemesio Oseguera Cervantes, conocido en el mundo del hampa como el Mencho, tiene una larga historia criminal que comenzó a construirse en Michoacán con sangre y fuego.

Como muchos jóvenes que han nacido en Tamaulipas, Michoacán o Sinaloa —territorios sin ley donde todo huele a crimen— Nemesio Oseguera desde una corta edad vio su futuro truncado. Nació en la miseria, y el impulso por salir adelante lo llevó a enredarse en la delincuencia organizada, la única empresa que brindaba posibilidades de obtener dinero en un estado como Michoacán, que por décadas ha estado dominado por la mafia.

Oseguera Cervantes perdió el miedo en poco tiempo y pronto comenzó a matar a las personas que lo estorbaban, convirtiéndose en un temible sicario. Luego fue ascendiendo en el escalafón del narcotráfico hasta que emigró a Jalisco y comenzó su fulgurante crecimiento: actualmente es el jefe del cártel de Jalisco Nueva Generación, la organización criminal que en un lustro llegó a posicionarse en diez estados de la república y tiene presencia en varios países del continente latinoamericano.

De cuna humilde, Oseguera Cervantes nació en Michoacán, el 17 de julio de 1966. El capo vio por primera vez la luz en una ranchería de la llamada Tierra Caliente, una zona donde la ley no existe. Sólo impera una verdad, una norma: la del gatillo. En ese territorio todo se arregla con balas. El Ministerio Público y las procuradurías son meras figuras decorativas en un estado donde la ley de la mafia es la que manda y todo el mundo lo sabe.

Nemesio Oseguera no terminó la educación primaria. Gran parte de su niñez y adolescencia transcurrieron en el cultivo de aguacate. El campo y las largas jornadas de trabajo le impidieron el desarrollo de una niñez más amable. Pero poco antes de alcanzar la mayoría de edad emigró a California en busca de un mejor porvenir. En territorio estadounidense se vinculó a la delincuencia común, pero más tarde terminó enganchado en una red de distribuidores de heroína, por lo que fue detenido y sometido a juicio, aunque no por mucho tiempo.

Tenía 25 años de edad cuando fue arrestado en Sacramento, California, junto con su primo Abraham; ambos fueron sentenciados a cinco y diez años de prisión, respectivamente, por tráfico de heroína. Hacia el año de 1992 y tras sellarse un acuerdo con la Fiscalía ante la cual se declararon culpables, la condena se redujo cuando Oseguera Cervantes pasó tres años en prisión. Fue entonces cuando el Mencho fue liberado bajo las reservas de ley y enseguida deportado a México.

Su larga historia de tránsfuga nos indica que, en los años ochenta, por ejemplo, Nemesio Oseguera fue «mojado» y con frecuencia cruzaba la frontera hacia Estados Unidos de forma ilegal, pues carecía de documentos para hacerlo por la vía legítima. Y para lograr sus objetivos utilizaba varios nombres, los cuales se cambiaba cada vez que las autoridades migratorias lo detectaban.

Nemesio Oseguera Cervantes en realidad se llama Rubén. Adoptó el nombre de Nemesio en honor a su padrino. Pero también se hacía llamar José López Prieto, Miguel Valadez, Carlos Hernández Mendoza, Roberto Salgado, entre otras muchas combinaciones de nombres y apellidos con los que, en varias ocasiones, logró evadir la acción de la justicia dentro y fuera de México.

Bajo el sobrenombre del Mencho, su carrera fue tan fulgurante que después de militar en el cártel del Milenio y en el de los Valencia de Michoacán, emigró a Jalisco para fundar la organización llamada los Mata Zetas, quienes lograron una fuerte penetración en el estado de Veracruz con el fin de desplazar a los Zetas, grupo criminal que se afincó en ese entidad en 2004, tras concluir el sexenio de Miguel Alemán y que mantuvo una fuerte hegemonía hasta el año 2016, tras concluir el sexenio de Javier Duarte de Ochoa, un periodo gubernamental caracterizado por la violencia, la corrupción y el desgobierno.

En Michoacán se alió con Abigael González Valencia, conocido como el Cuini —jefe de la banda del mismo nombre y quien se dedicaba al tráfico de metanfetaminas hasta su arresto— y con José Revueltas, alias el Cachetes, cabeza del grupo delictivo llamado los Viagras que durante varios años sembraron el terror en Michoacán, Jalisco, Guerrero, Morelos y Estado de México.

Al lado de estos personajes, Nemesio Oseguera incursionó en el tráfico de las metanfetaminas —negocio que tiempo después lo encumbró como uno de los principales distribuidores en América Latina— y se posicionó entre los traficantes más importantes después de los hermanos Amezcua Contreras, quienes hicieron de este negocio un gran emporio en Colima, pues fueron pioneros en el mercado de las llamadas «drogas de diseño» en México.

Oseguera Cervantes tuvo muy claro que dentro de este clan del narcotráfico tendría futuro, y entonces, años después de incursionar en el negocio de las drogas, contrajo nupcias con una de las hermanas de los Valencia —entonces amos y señores del narco en Michoacán— y así fortaleció su relación con la banda de los Cuinis, grupo que, entre otras actividades, controlaba las operaciones financieras de la organización criminal que más tarde se convertiría en el cártel de Jalisco Nueva Generación.

Ya como cabeza de este cártel, creó el grupo paramilitar llamado los Mata Zetas, quienes fueron vistos como un equipo auspiciado por el Estado para limpiar las plazas dinamitadas por la violencia.

Sin embargo, en la realidad los Mata Zetas no eran otra cosa más que sicarios al servicio del cártel de Jalisco Nueva Generación (CJNG) que, en sus inicios, era una extensión o ramaje del cártel de Sinaloa. Luego se independizaron y se consolidaron en Jalisco tras el asesinato a manos de miembros del Ejército, en 2010, de Ignacio «Nacho» Coronel, cuñado de Guzmán Loera.

La plaza que por años dominó Coronel —quien vivió cobijado por las autoridades de Jalisco— quedó a la deriva y fue entonces cuando Joaquín Guzmán Loera, entonces jefe hegemónico del cártel de Sinaloa, lo nombró jefe del cártel de Jalisco. Ya como cabeza sentó sus reales y se alió con cuanta autoridad le garantizara impunidad: corrompió a altos mandos de la Policía Federal y Estatal para que le sirvieran de cerco protector. A la par creó todo un imperio en Jalisco, a través de la creación de una amplia red de distribución de drogas de todo tipo, desde mariguana hasta las llamadas sintéticas; formó un conjunto de vigilantes llamados Halcones y un fuerte grupo armado de sicarios para su protección personal que de igual forma era utilizado para asesinar a rivales que pretendieran invadir su territorio.

Su expansión no pasó desapercibida dentro ni fuera de México. La agencia antidrogas de Estados Unidos, DEA, clasificó a los Cuinis —antecesores del CJNG— como una de las organizaciones más ricas y poderosas del mundo, pues se acreditó que tenían conexiones muy amplias en Europa y Asia, mercados que invadieron con la introducción de drogas de diseño.

Un expediente abierto en la Corte de Washington D.C., integrado en contra de Nemesio Oseguera y el Cachetes, contiene otros datos relevantes: que su crecimiento en el mundo de las drogas ha sido tan fuerte que incluso ambos tienen contactos en Australia.

Un perfil psicológico de Nemesio Oseguera establece cómo es su conducta: suele protagonizar actos de violencia extrema, no tiene límites cuando se trata de matar; es un hombre despiadado que no tolera la desobediencia y le gusta que le pidan perdón cuando va a matar a alguien.

A este hombre se le atribuyen eventos de violencia atroces, entre otros, el tiradero de cuerpos humanos en Boca del Río, Veracruz, el 20 de septiembre de 2011, cuando sicarios del cártel de Jalisco secuestraron a 35 personas, supuestamente relacionadas con los Zetas, a quienes asesinaron y luego, a plena luz del día, los arrojaron en una glorieta, cerca de la Plaza de las Américas. De acuerdo con testigos, la noche anterior sicarios del cártel de Jalisco levantaron a estas 35 personas, luego los encerraron en una casa de seguridad donde les dieron muerte uno por uno mediante disparos en la cabeza, puñaladas, y por último los decapitaron.

Como si se tratara de bultos de papas, subieron los cuerpos a una camioneta de carga. Los cubrieron con una manta y el vehículo se enfiló hacia la glorieta donde, a la distancia, se observa una réplica de los voladores de Papantla. Ahí se detuvo la camioneta. Enseguida, varios hombres comenzaron a aventar los cuerpos hacia el paso a desnivel, donde pasan los vehículos a alta velocidad, para exhibir el poder y la saña de la que eran capaces. Así le declararon la guerra a los Zetas, quienes poco a poco fueron desplazados de los principales territorios que dominaban en Veracruz.

Después de esta arremetida en el puerto veracruzano, el cártel de Jalisco Nueva Generación le declaró la guerra a los Caballeros Templarios, entonces encabezados por Servando Gómez, la Tuta, en Michoacán, un territorio ampliamente conocido por Nemesio Oseguera. La estrategia consistió en apoyar a un grupo de autodefensas ligado con los Viagras que el gobierno de Enrique Peña Nieto legitimó.

El poder y la artillería del Mencho y del cártel de Jalisco también se demostró en mayo de 2015, cuando se desató la guerra en Jalisco. Efectivos del Ejército y sicarios de Oseguera Cervantes se enfrentaron, bloquearon calles y estalló una larga balacera en toda la ciudad que culminó con el desplome de un helicóptero del Ejército, el cual fue bajado con ráfagas de armas de alto poder. Fueron incendiados vehículos y patrullas; asesinaron a personas inocentes y nadie pudo detener a Nemesio Oseguera, lo que evidenció el nivel de protección del que dispone en Jalisco.

Su incursión en Michoacán fue silenciosa pero efectiva, de acuerdo con los reportes de inteligencia consultados. Cuando el conflicto estaba en su máximo apogeo con el levantamiento de las llamadas autodefensas, fue Nemesio Oseguera quien comenzó a distribuir armas, dinero y alimento a los miembros de éstas; la finalidad era clara: que se limpiara el territorio de todo lo que tuviera que ver con los Caballeros Templarios, sus rivales, para luego posicionar al cártel de Jalisco en todo el territorio michoacano.

El propio vocero de las autodefensas, Hipólito Mora —cuya actuación se mantuvo en entredicho— alertó que uno de los mandos comunitarios bajo sospecha por recibir apoyos de Nemecio Oseguera es un personaje llamado el Americano, quien apoyó la restitución de un edil en Buenavista, Michoacán, ligado con el narcotráfico.

Lo dijo con estas palabras: «El Mencho ha hecho una campaña hormiga dejando que los demás se ensucien las manos. Entrega armas a las autodefensas para que sean ellos quienes pongan los muertos en los enfrentamientos y cuando no haya grupos en la zona, él se apodere de Michoacán.

»Acá es muy conocido que hay grupos muy oscuros pagando a las oficialmente autodefensas, pero que siguen operando. No digo que todas, hay unas muy comprometidas, pero están haciendo el trabajo sucio para otro cártel. Así es este negocio: ningún espacio queda sin ocupar».

Y es que el poder del Mencho se ha robustecido a la vista de las autoridades estatales y federales. De acuerdo con un informe de la Procuraduría General de la República (PGR) que da cuenta del crecimiento del cártel de Jalisco Nueva Generación, la zona de mayor influencia que tiene Oseguera en Jalisco es Zapopan, uno de sus refugios y desde donde dicta órdenes de a sus subalternos.

Este informe lo cataloga también como un hombre extremadamente violento, ambicioso y que tiene la cualidad de ser discreto pese al poder económico que ha amasado como consecuencia del negocio de las drogas, cuyo mercado se ha extendido porque tiene una amplia oferta: lo mismo distribuye mariguana, cocaína y sustancias químicas llamadas metanfetaminas, que narcóticos de moda entre la juventud consumidora.

El cártel de Jalisco Nueva Generación alcanzó notoriedad hace poco más de cuatro años cuando en la página electrónica *Youtube* se comenzaron a exhibir asesinatos, descuartizamientos de personas y decapitaciones de zetas, cuyas cabezas rodaban por el piso tras ser arrancadas. También asesinaban a taxistas vinculados con este grupo criminal, quienes operaban como *halcones*, es decir, encargados de pasar información sobre operativos policiacos, militares y patrullajes de corporaciones como la Secretaría de Marina.

Además de ser un capo sanguinario y violento, Nemesio Oseguera también es muy escurridizo. Miembros del Ejército mexicano estuvieron a punto de aprehenderlo en 2013 durante un operativo efectuado en Jalisco. Pero logró escapar. Una diferencia de pocos minutos hizo que no lo aprehendieran en una zona residencial. Luego se supo que un mando medio del Ejército dio el *pitazo* y el Mencho logró escapar de lo que parecía su inminente captura. Sin embargo, su hijo Rubén, el Menchito, no corrió con la misma suerte y fue arrestado en Zapopan. El presidente Enrique Peña Nieto, en cuyo gobierno la lucha contra el crimen organizado ha resultado un fracaso, festejó la captura del Menchito, y dijo que se trataba del segundo hombre más importante de esa organización criminal.

El informe de la PGR citado también refiere a cómo opera Oseguera su organización: «El Mencho maneja a la Nueva Generación como un patriarcado. Tiene a toda su familia en esa empresa criminal porque eso hace más difícil la labor de las autoridades. Hay menos riesgos de que aparezca un soplón. En el cártel familiar tiene hijos, sobrinos, primos, yernos… y todos cumplen una función determinada como piezas de la organización.

»Nemesio Oseguera se hizo más poderoso cuando firmó una alianza con el cártel de Sinaloa, también enemigos de los Zetas». Los informes señalan que entabló amistad con Joaquín Guzmán Loera, el Chapo, quien fue un elemento clave para su ascenso en el narcotráfico, aunque después se distanciaron y el cártel de Jalisco se independizó.

Los propios informes de inteligencia abren nuevas pistas para conocer cómo opera el cártel de Jalisco por dentro y a qué se debe su expansión y poderío. Dichos informes sostienen, por ejemplo, que Nemesio Oseguera es una figura visible, pues los verdaderos jefes de la organización son los hermanos Valencia, michoacanos, con quienes Oseguera se inició en el tráfico de drogas. Sin embargo, hasta la fecha ninguna autoridad ha confirmado tal hecho con datos fehacientes.

Lo que sí llama la atención es el manejo poco enfático de las autoridades federales cuando han detenido a miembros del cártel de Jalisco. Es el caso, por ejemplo, de Abigael González Valencia, el Cuinis, quien fue capturado el 28 de febrero de 2015 por efectivos de la Armada de México.

El comunicado de medios con el que se dio a conocer la captura fue escueto, no acorde a la importancia del personaje, uno de los capos que comenzó a encumbrar al cártel de Jalisco Nueva Generación y que mantenía amplios apoyos extranjeros. El día que lo aprehendieron, en Puerto Vallarta, González Valencia iba acompañado de varios colombianos y venezolanos, lo que dio cuenta entonces de las conexiones que tenía en Sudamérica para operar el negocio de las drogas.

Durante su etapa de esplendor, este personaje fue el que puso los cimientos de lo que hoy es el cártel de Jalisco Nueva Generación, organización criminal a la que pretendía convertir en una de las más boyantes del continente, por encima del cártel del Pacífico. Él fue el artífice de la división de los Caballeros Templarios y el debilitamiento de los Zetas, ambos grupos rivales suyos.

El Cuini, como le apodaban, se manejaba como los viejos barones de la droga: con discreción absoluta. La necesidad de mantener su rostro oculto lo llevo a ofrecer 50 millones de pesos a quienes lo detuvieron tan sólo para que no lo presentaran ante los medios de comunicación y menos ante la televisión. Las razones para que no fuera evidenciado se desconocen hasta la fecha, pero todos los controles fallaron. La noticia de su captura se dio a conocer antes de que oficialmente la PGR informara de ello.

Su detención ocurrió en forma aparentemente simple. González Valencia, socio y mentor del Mencho, estaba comiendo en un restaurante de Puerto Vallarta, Jalisco, cuando un comando de uniformados lo detuvo. Según el informe de la Comisión Nacional de Seguridad (CNS), el capo no ofreció dinero para que lo dejaran libre. Pero sí hizo una oferta cuantiosa de 50 millones de pesos para que no le tomaran fotos ni videos. Tenía pavor a salir en los noticieros de televisión y que su nombre se difundiera en las redes sociales y en todo el mundo.

En el momento de su captura, el Cuini era uno de los mandos poderosos del cártel de Jalisco Nueva Generación, al que convirtió en una organización tan poderosa como violenta.

Y aquí el misterio: aunque Nemesio Oseguera Cervantes es considerado por algunas instancias como el líder de esa organización, la Secretaría de Marina y la Comisión Nacional de Seguridad coinciden en que se trata sólo de una figura visible que esconde a los verdaderos dueños del negocio: los hermanos González Valencia.

Según informes oficiales, son herederos del cártel de los Valencia, que se empoderó en el país durante el gobierno de Ernesto Zedillo Ponce de León gracias a su capacidad de producir metanfetaminas y colocarlas en el mercado estadounidense.

Su manejo, aseguran quienes lo conocen, era discreto y se movía con sigilo. Durante su etapa de apogeo en el cártel de Jalisco, procuraba no dejarse ver y la mayor parte del tiempo se la pasaba en sus oficinas corporativas, entre Michoacán, Jalisco y ciudades como Zapopan y Puerto Vallarta.

A este personaje se le atribuye el crecimiento exponencial del cártel de Jalisco. A la fecha ha logrado mantenerse firme en territorios como Jalisco, Nayarit y Colima. El dinero que este grupo ha ganado como consecuencia del tráfico de drogas les ha permitido mantener tres guerras abiertas: contra los Zetas en Veracruz, los Caballeros Templarios y al dar la pelea a sangre y fuego en Guerrero, pues quieren controlar el corredor Guerrero-Estado de México.

La captura de González Valencia pasó desapercibida debido al desconocimiento de la autoridad sobre la dimensión del personaje —o porque aceptaron los 50 millones de pesos para evitar el escándalo—, lo cierto es que poco se difundió su captura, a pesar de haber sido el hombre que colocó al cártel de Jalisco en los primeros planos dentro del mundo de las drogas.

En el momento de su detención, González Valencia era más poderoso que la Tuta —quien movía las redes sociales con maestría— pero el jefe de los Templarios atrajo todos los reflectores tras su detención por el manejo mediático que realizaba cuando estaba al frente de esa poderosa organización.

Y es que en el momento de su captura González Valencia no era un improvisado en el mundo de las drogas. Pertenece a la familia de los hermanos Valencia que se transformaron en productores de aguacate e innovadores narcotraficantes. Su organización nació en los años setenta, cuando José Valencia cambió la siembra tradicional de la familia por mariguana y amapola en el municipio de Aguililla, donde un miembro del cártel fue alcalde. Años después la organización fue bautizada como cártel del Milenio, y en los años noventa alcanzó poder y notoriedad en Michoacán y otros estados. Ese grupo lo encabezaba Armando Valencia y le apodaban el Maradona. Su poderío alcanzó altos niveles debido a que una alianza con el cártel de Medellín, en aquellos años representado en Colombia por Fabio Ochoa. El principal pasador de droga del cártel colombiano y quien amarró la relación con los Valencia era Gino Brunetti, quien utilizó la ruta del Pacífico como nadie: en barcos pesqueros transportaban la droga y la llevaban por todo el mar de Cortés hasta Baja California, para luego introducirla a Estados Unidos. Durante años estas operaciones pasaron desapercibidas por las autoridades.

En este tiempo, los Valencia se asociación también con los hermanos Amezcua Contreras, pioneros en Colima en el tráfico de drogas sintéticas. Gradualmente los Valencia se fueron quedando con el negocio hasta que entraron en guerra, a principios de los años noventa, con el cártel del Golfo, los Zetas y la Familia Michoacana, que en ese tiempo formaban un bloque para conquistar Michoacán. El cártel del Milenio se sumó a la Federación, encabezados por Joaquín Guzmán Loera, Ismael «el Mayo» Zambada, Juan José Esparragoza Moreno, el Azul. Y unidos libraron la guerra que desató entre 2006 y 2012 el entonces presidente Felipe Calderón. Este grupo se mantuvo unido y en crecimiento gracias a que su mercado, el de las drogas sintéticas, nunca fue trastocado por autoridad alguna.

En el año 2003 establecieron otra alianza, esta vez con el empresario de origen chino Zhenli Ye Gon, quien a través de sus contactos en la estructura de poder de China comenzó a proveer cargamentos de precursores químicos —principalmente efedrina, base para las drogas sintéticas— que provenían del puerto de Hong Kong y arribaban al puerto de Lázaro Cárdenas, Michoacán, zona portuaria controlada por el narcotráfico.

Los Valencia se encargaban de transportar los cargamentos de efedrina por carretera, a través de toda la ruta conocida como Tierra Caliente y la introducían a Jalisco, donde están instalados los grandes laboratorios de drogas sintéticas, principalmente en una demarcación llamada Tepalcatepec, donde el jefe de la plaza era Juan José Farías, el Abuelo.

El cártel del Milenio —antecesor del cártel de Jalisco Nueva Generación— estrechó sus lazos con el cártel del Pacífico y se convirtió en una subsidiaria responsable de la producción y distribución de drogas sintéticas, posteriormente se afincaron en Jalisco tras el asesinado de Ignacio «Nacho» Coronel. Tras este episodio sangriento, el cártel de Jalisco se fue separando de Sinaloa y creó su propia estructura en esa entidad, la cual florece hasta la fecha con el respaldo de las autoridades políticas y policiacas del estado.

Separados de los sinaloenses y aliados con el cártel de los hermanos Beltrán Leyva, quienes rompieron relaciones con la Federación, los Zetas desafiaron a los Caballeros Templarios, a quienes le declararon la guerra en Michoacán. En el año 2013 la guerra no tuvo tregua. Salieron a relucir los vínculos de alcaldes y altos funcionarios del gobierno de Michoacán ligados con el narcotráfico. Hasta la fecha Michoacán no vive en paz.

El proyecto de crear las autodefensas —recomendación del general colombiano óscar Naranjo— terminó en un fiasco. La mayoría de esos grupos fueron infiltrados por el narcotráfico y financiados por la mayoría de los cárteles que pretendían controlar el estado de Michoacán, uno de los más socorridos por las organizaciones criminales para el tráfico de drogas debido a su posición geográfica.

En el año 2011, el entonces presidente Felipe Calderón encarceló a decenas de alcaldes ligados al narcotráfico, pues dijo que desde el poder servían a los intereses de los grupos fácticos. La Procuraduría General de la República inició sendas averiguaciones previas por delincuencia organizada en contra de al menos una veintena de presidentes municipales de Michoacán. Sin embargo, las investigaciones se desmoronaron debido a que no se logró probar que dichos alcaldes, quienes incluso fueron encarcelados, tuvieran ligas con la delincuencia. A la vuelta de varios meses, las autoridades judiciales tuvieron que dejar en libertad a los detenidos y se ordenó que fueran restituidos en sus cargos, pues lo que se descubrió es que la entonces procuradora Marisela Morales utilizó, muy a su estilo, testigos falsos para declarar en contra de los alcaldes caídos en desgracia. Todo este entramado se derrumbó por falta de pruebas y porque se acreditó que la PGR manipuló expedientes criminales. Tras ser liberados, muchos de los alcaldes solicitaron castigo para Morales, quien en lugar de ser procesada la premiaron al nombrarla cónsul de México en Milán, Italia.

CJNG: *la estructura*

El cártel de Jalisco Nueva Generación, bajo el liderazgo de Nemesio Oseguera, estructuró una base de operaciones en todo el estado de Jalisco, pero su principal fuerza y poder radica en la protección oficial que reciben.

A lo largo y ancho del estado, crearon redes para la distribución de drogas, al tiempo que la estructura fue creciendo conforme las necesidades se fueron presentando. Así, el cártel logró llevar a cabo una muy buena división de sus actividades: distribución, operaciones financieras, estructura de sicariato, relaciones públicas, alianzas con autoridades municipales y protección policiaca permanente, a fin de que el negocio no sufriera ninguna perturbación. Para todas las necesidades que surgieran tenían soluciones y hombres dispuestos para efectuar la tarea.

En el año 2013, Nemesio Oseguera fraguó un plan: asesinar a José de Jesús Gallegos Álvarez, entonces secretario de turismo del gobierno del estado. El sexenio del gobernador Aristóteles Sandoval empezaba en Jalisco en medio de guerras: balaceras, secuestros, levantones y ejecuciones masivas se presentaban en Jalisco tanto de día como de noche y ninguna autoridad podía poner freno a lo que ya era visto como una «verdadera carnicería», pues los cárteles se estaban disputando el territorio ante el recién estrenado gobernador en funciones.

El asesinato de este funcionario público puso en evidencia no sólo el poder del cártel de Jalisco sino la red de vínculos de altos funcionarios con el narcotráfico y el nivel de protección del que disponía el cártel encabezado por Oseguera Cervantes.

El asesinato se ejecutó después de varias semanas de seguir al funcionario. En realidad, Gallegos Álvarez, según el expediente del caso, fue asesinado por órdenes de Nemesio Oseguera porque éste se sintió traicionado. El jefe del cártel de Jalisco tuvo información sensible a su alcance que daba cuenta de que el funcionario estatal estaba ligado con el cártel de los Caballeros Templarios, para quien lavaba dinero, y esa fue la razón por la que primero ordenó que lo secuestraran para «darle una calentada», luego quiso hablar con él, sin éxito, y finalmente dio la orden: «Mátenlo».

El viernes 8 de marzo de 2013, poco después de salir de una reunión de la Casa Jalisco, el funcionario estatal fue seguido por un grupo de sicarios. Alrededor de las 15:00 horas, cuando Gallegos Álvarez circulaba por Acueducto y avenida Patria, en Zapopan, unas ráfagas de cuerno de chivo lo alcanzaron. Las balas perforaron su camioneta y penetraron en su cabeza, cara y cuello. Y ahí, ensangrentado y doblado, quedó el cuerpo de este personaje a quien Oseguera Cervantes llamaba «el traidor».

El expediente de este asesinato no sólo puso en claro el *modus operandi* para asesinar a Gallegos Álvarez, sino que explica toda la estructura criminal con la que cuenta el cártel de Jalisco, los apoyos policiacos y el alto nivel de infiltración que han logrado en el gobierno de Aristóteles Sandoval.

Tras el asesinato que cimbró al estado de Jalisco, la procuraduría estatal integró un amplio expediente y con el paso de los meses la policía ministerial ejecutó varias órdenes de aprehensión en contra de miembros del cártel de Jalisco. Estos personajes, al rendir sus respectivas declaraciones, ampliaron detalles sobre las operaciones del cártel, su estructura en Jalisco y las verdaderas razones, según ellos, por las que fue asesinado el secretario de Turismo., Gallegos Álvarez.

Jonathan García García, conocido como el Jhon Perro, uno de los más temibles, fue presentado ante las autoridades el 5 de mayo de 2013. En su declaración, este sujeto se autodescribe como una persona a la que no le gusta trabajar y da cuenta de un entorno familiar hostil, por lo que decidió involucrarse con bandas criminales. Así se consignaron sus palabras (se respetan la ortografía y redacción de origen):

> Yo viví en la colonia El Retiro de esta ciudad de Guadalajara hasta los 11 años de edad porque después me fui de la casa por problemas con mi papá, el me golpeaba mucho, decía que yo era muy desordenado y pleitista y mi madre siempre me mandaba a trabajar y ella me exigía que le entregara el dinero. Los trabajos que yo tuve de niño mi madre me los conseguía en talleres mecánicos, pero mi carácter pleitista no me dejaba ser una buena persona.
>
> Luego me recomendaron con la empresa cártel de Jalisco, donde estuve a prueba, pero como yo siempre he tenido un intelecto muy alto comencé a encargarme de la venta de droga en los bares de la zona centro de Guadalajara y gracias a

esto yo comencé a subir en la organización y me hice buen amigo de los dueños de antros y bares ya que cuando tenían broncas con el gobierno yo les apoyaba, lo cual hizo que la venta de drogas en la zona centro de Guadalajara subieran muchísimo, ya que generaban entre 80 mil y 120 mil pesos diarios y todo eso se lo entregaba al patrón, a quien conocíamos con el nombre de Spanky, él me hacía participar en ejecuciones en Jalisco y además participaba en levantones para alinear a vendedores de droga que andaban chapulineando (en un grupo y en otro), es decir, que querían brincar de cártel.

Después de hablar sobre los movimientos que se dieron en distintos momentos dentro del Cártel de Jalisco, explica en su declaración cómo está conformada la estructura del cártel. Dice, por ejemplo, que el jefe es Nemesio Oseguera Cervantes, quien responde al apodo de el Mencho, y que él se encarga de controlar todo el sistema financiero de la organización en Jalisco y en los estados donde opera el cártel.

Expuso que Oseguera Cervantes también controla a los grupos de choque, matones y sicarios en general, que son los que él utiliza para asesinar a rivales o a miembros del cártel que incurren en traiciones o fallas que ponen en riesgo a la empresa criminal.

En su testimonio reveló, por ejemplo, que el jefe de la plaza en Guadalajara se llama Daniel Quintero Riestra, quien, afirma, también utiliza varios nombres falsos: Oswaldo Quintero Juárez, Erick Santiago Gómez, Heriberto González Gómez, Fernando Hernández Guzmán.

Daniel, dice, también es ampliamente conocido como el Dandy Quintero, y controla la parte administrativa de la organización; además, tiene a su cargo el reclutamiento de personal para el cártel de Jalisco, la distribución de drogas y es el receptor de las indicaciones respecto de cuándo se debe ejecutar a un rival o a un traidor.

En su testimonio dijo que debajo del Dany Quintero está su mano derecha y que responde al nombre de Gregorio Pelayo Chávez, a quien en la organización se le conoce como el Camarón, quien fue policía judicial y se encarga de girar las órdenes de el Dany sobre las personas que ya están en lista para ser ejecutadas por los sicarios del cártel.

El Camarón, dice el testigo, también tiene el apoyo de otro expolicía judicial y al que se le conoce como el Padilla. Éste se encarga de arreglar «las broncas» del personal del cártel de Jalisco cuando los detienen. «Él es quien nos pasa información sobre los operativos que va a realizar la policía en alguna de las colonias y de esa forma el Dany Quintero desplaza a su gente para que no las detengan».

El Padilla también se encarga de frenar los operativos cuando estos van a afectar a la organización. A cambio de un «saludo», es decir, de la entrega de una suma de dinero, él los detiene y desvía para que no afectan al cártel de Jalisco.

«El otro día —asegura García García—, un miembro del cártel al que le decimos el Tripa balaceó con una R-15 a uno de sus vecinos nada más porque lo volteó a ver «feo». Lesionó sus piernas a balazos y al poco rato llegó gente de la policía y se los llevaron a todos detenidos, pero el Padilla se arregló con el agente del Ministerio Público y así fue como dejaron libre al Tripa, al Chato y al Paco».

De acuerdo con el testigo, Gregorio Pelayo Chávez, el Camarón, tiene su grupo de choque, «como le llamamos nosotros, es decir, sus sicarios y de los cuales recuerdo a uno que le dicen el Cuatro, a otro le apodan el Gafe y el Nueve, personas que yo sé que fueron militares, pero desconozco sus nombres».

Asegura, además, que «el Cuatro es quien se encarga de comprar las armas que se utilizan por parte del personal del cártel de Jalisco en esta ciudad, las cuales según tengo conocimiento las compra en la Ciudad de México y en Toluca, pero desconozco a quién se les compren. Y es que este grupo compra sus armas nuevas para evitar que ya traigan broncas anteriores».

»Además, el Cuatro, el Nueve y el Gafe se encargan de la seguridad personal del Dany Quintero y debajo de estos sujetos están los que ayudan al Cuatro en las ejecuciones, a quienes conozco con el nombre del Seis, el Migue, el Toño, el Cinco y una mujer a quien conocemos como la Pelirroja o Putirroja. Además, en esta estructura también está mi *compa* el Tripa, quien es el jefe de los sicarios que accionan en la zona cero y que como lo dije anteriormente es la que actualmente yo controlo en sus finanzas. Debajo del Tripa está quien es su pareja sentimental y que se llama Ana Karen Bravo Gutiérrez, a quien le dicen la Loca, quien se encarga de dar órdenes directamente a los sicarios del Tripa, haciendo la aclaración que anteriormente a ella estaban Julio Andrés Vázquez Estrada, a quien le dicen el Padrino, el

Niño y Juan Manuel González Martínez, a quien le decimos el Piojo».

Luego de aportar detalles respecto de las operaciones y estructura del cártel de Jalisco Nueva Generación, el testigo se adentró en el caso del asesinado del secretario de Turismo.

Esto fue lo que dijo:

> En relación con los hechos que se investigan por parte de esta autoridad y que se derivan de la muerte de quien era Secretario de Turismo en este estado, puedo mencionar lo siguiente: que recuerdo que era el jueves 7 de marzo [2013] cuando por ahí de las siete de la mañana recibí una llamada al teléfono celular, sin recordar el número, ya que con frecuencia lo cambio para no ser interceptado por el gobierno. La persona que me hablaba era Ana Karen, a quien le decimos la Loca.

De acuerdo con lo dicho por el testigo, la Loca le pidió que se levantara, que tenían un trabajo que hacer y enseguida acordaron verse en el parque Morelos a las 8.00 de la mañana. «Te voy a esperar enfrente de las neverías», le dijo la mujer.

Tras alistarse, el testigo García García dijo que se montó en una motocicleta, una que usa para repartir droga en las tiendas que administra y se dirigió al parque Morelos. En ese sitio, García García se percató de que Ana Karen estaba reunida con otros miembros del cártel de Jalisco, todos ellos sicarios al servicio de Nemesio Oseguera; entre otros, se encontraban el Satán, el Cuatro y Miguel.

Todos ellos caminaron hacia el Parque de los Miones, y ahí vieron una camioneta gris. Según García García, sus amigos traían instrucciones de dar seguimiento a una camioneta Toyota gris, propiedad del secretario de Turismo del gobierno de Jalisco, José de Jesús Gallegos Álvarez.

En ese momento —dice el testigo— vi cómo de la camioneta se bajaron cinco personas que iban escoltando al funcionario, quien entró a sus oficinas. Narra:

> El Satán y el Camarón comentaron que querían hablar con el secretario de Turismo y que era necesario que buscara la forma de acercarme a él para que Dany Quintero pudiera hablar con él y fue cuando yo le dije al Camarón que si quería me podía meter a las oficinas en donde estaba el secretario de Turismo, pero me dijeron que no porque podían retenerme los escoltas.

Durante varios días, los sicarios al servicio del jefe del cártel de Jalisco Nueva Generación dieron seguimiento al secretario de Turismo para asesinarlo. De acuerdo con el expediente de este caso, Nemesio Oseguera sabía que Gallegos Álvarez estaba relacionado con el narcotráfico, en particular con el cártel de los Caballeros Templarios y tenía temor de que este grupo criminal ingresara al estado de Jalisco a disputarle la plaza.

El tiempo transcurría y el grupo de sicarios no podían ubicar al secretario de Turismo en condiciones cómodas para asesinarlo, por lo que el Mencho se enojó y dio la orden de que ya no lo secuestraran, sino que lo ejecutaran.

Fue el Camarón quien reunió al grupo de matones y esto les dijo, según el expediente consultado:

> Miren, pendejos, el secretario anda lavando dinero para los putos de los templarios... Y el señor si llega al lunes va a llegar de número uno de la Federal y ya ahí va a corromper a las autoridades y los templarios van a entrar a trabajar a nuestra casa como si nada y con la protección de todo el gobierno, así que ese secretario no puede pasar de este fin de semana.
>
> Estuvimos esperando a que llegara Dany Quintero con nosotros, pero él nunca llegó y ahí estuvimos hasta como a las doce de la noche y fue cuando el Camarón nos dijo que había cambio de planes. Y es que como lo mencioné antes, el Camarón ya traía toda la información del secretario de Turismo, de que el jefe Mencho quería que lo matáramos para que no llegara al poder porque si no lo hacíamos iba a dejar entrar a los Caballeros Templarios a Guadalajara e íbamos a perder la plaza y todos dijimos que sí.

El día del asesinato —8 de marzo de 2013—, el secretario de Turismo arribó a la Casa Jalisco, donde vive el gobernador Aristóteles Sandoval, a una reunión de trabajo. En los alrededores de la residencia oficial un gran número de sicarios, armados hasta los dientes y apoyados con equipos de radios mantenían una estrecha comunicación. Se coordinaban para pasarse información respecto de los movimientos del secretario de Turismo, a quien ese día iban a matar. Esas eran las órdenes del Mencho.

Mientras tanto, el cártel de los Caballeros Templarios libraba una guerra sin cuartel en Michoacán y se enfrentaban a células del cártel de Sinaloa, Tijuana, Zetas y los nuevos grupos que surgieron en Guerrero y Morelos: los Guerreros Unidos y los Rojos, a quienes el gobierno federal atribuye la desaparición de los 43 normalistas de la escuela de Ayotzinapa.

El vocero del gobierno Federal en Michoacán, Alberto Castillo, ya no sabía cómo justificar la violencia, en tanto que el gobierno del estado y sus funcionarios terminaron desdibujados y casi borrados por la nube de violencia que se esparció en toda la entidad.

Horas después de sostener una larga reunión en la Casa Jalisco, el secretario de Turismo salió del estacionamiento. Y enseguida los sicarios dieron el *pitazo*. No se sabe si desde adentro de la Casa Jalisco pasaron la información, lo cierto es que tras salir a la calle unas ráfagas atravesaron los cristales del vehículo y el secretario de Turismo recibió varios impactos de bala. Su cuerpo ensangrentado quedó doblado en el asiento del copiloto.

Eliminado el personaje que para Nemesio Ocueguera era un enemigo, el cártel de Jalisco se entronizó en el poder en todo el estado y comenzó su expansión vertiginosa: a base de sangre y fuego irrumpió en Michoacán —su estrategia consistió en financiar e infiltrar a las autodefensas que el gobierno legitimó—, en tanto que se adentró a otros territorios, entre ellos a Morelos, Estado de México, Hidalgo, Veracruz, Puebla y Tlaxcala.

El cártel de Jalisco es la organización criminal que más ha crecido en los últimos cinco años y su expansión se comenzó a dar tras romper relaciones con el cártel de Sinaloa, al que sirvió como brazo armado, para independizarse como un grupo radical totalmente independiente.

En Jalisco, el cártel que encabeza Nemesio Oseguera no ha sido ajeno a la protección oficial. Su expansión coincide con el arribo al poder del gobernador Aristóteles Sandoval, quien desde que fungió como presidente municipal de Guadalajara se relacionó con personajes de dudosa reputación, entre otros, con Tony Duarte, financiero de su campaña y a quien se le relaciona con Ismael «el Mayo» Zambada, y las autoridades consideran el verdadero jefe de ese grupo criminal tras la caída de Joaquín Guzmán Loera, el Chapo.

Nemesio Oseguera se posicionó en Jalisco justamente luego de que cayó en desgracia Ignacio «Nacho» Coronel, cuñado de Guzmán Loera. La policía de Jalisco, según documentos consultados, se alió al cártel de Jalisco Nueva Generación y a esta estructura se sumaron agentes del Ministerio Público y funcionarios de todos los niveles que, juntos, conforman una organización con gran influencia en el estado.

De acuerdo con el testigo Jonathan García, la estructura del cártel de Jalisco tiene tentáculos y vínculos por todas partes. Así lo dice en su testimonio:

Una persona que conozco como Leonardo Arceo Núñez, es quien ayuda a vender los coches a quienes pertenecemos a la organización, cuando estos carros ya están quemados por haber participado en algún *jale* o cuando ya los tienen muy identificados porque andamos en ellos, haciendo mención que esta persona tiene un lote de carros ubicado en Periférico a la altura de Rancho Nuevo y el cual es un negocio de compra venta de chatarra y a un costado del mismo se encuentra el lote. Y existe otra persona que se dedica a comprar vehículos a la organización cártel de Jalisco y también nos ayuda a desaparecer los vehículos que ya están embroncados. Esta persona se llama Misraim Posada Cortés.

Después de todos los movimientos que hubo en el cártel de Jalisco por la gente que estuvieron deteniendo, la organización a la fecha está de la siguiente manera: el jefe es Nemesio Oseguera Cervantes, el Mencho, él controla todo el sistema financiero, grupos de choque de Jalisco y estados donde opera la organización.

8
El Azul:
vivir muerto

DESDE QUE INICIÓ SU CARRERA DELICTIVA, ALLÁ por la década de los setenta, siempre mostró destreza para moverse por el movedizo mundo del hampa. Desde entonces era visto por amigos y enemigos como un personaje «con futuro» entre los mafiosos de la época, sobre todo porque mostró dotes para ser sigiloso y discreto.

Su nombre: Juan José Esparragoza Moreno. Su alias: el Azul, apodo con el que se le empezó a identificar desde aquellos años por el color de su piel. Era (o es, su muerte aún no ha sido confirmada oficialmente) tan negro que a golpe de vista sobresalía el tono azulado.

Esparragoza es, sin duda, uno de los capos más avezados de su generación. Se formó al lado de verdaderos «caballeros» del narcotráfico como Pablo Acosta Villarreal, el Zorro de Ojinaga; Miguel Ángel Félix Gallardo, Rafael Caro Quintero —liberado por el Poder

Judicial el año pasado—, Ismael «el Mayo» Zambada y Amado Carrillo Fuentes.

Con algunos años más de experiencia, Juan José Esparragoza solía decir que la violencia no es buena aliada del negocio de las drogas. Y cuando Felipe Calderón soñó ingenuamente con destruir al crimen organizado declarándole la guerra, el longevo capo en alguna ocasión —se asegura en fuentes policiacas— expresó: «La paz social del país sólo depende de los acuerdos a los que lleguemos las distintas organizaciones».

De estar muerto —actualmente ninguna autoridad mexicana ni extranjera lo ha confirmado aún— Juan José Esparragoza Moreno habría fallecido como vivió: en el sigilo, en las sombras, en el misterio... Huidizo y hábil negociador, el Azul tuvo que enfrentar una ardua tarea tras la fuga de Joaquín «el Chapo» Guzmán, en enero de 2001, pues al tiempo que dio cobijo a quien se entronizaría como el jefe del cártel de Sinaloa, se dio a la tarea de proponer la creación de lo que él llamó la Federación de Narcotraficantes, algo así como una estructura sólida de cárteles que se apoyaran mutuamente para evitar la violencia y los baños de sangre en el país. Uno de sus sueños era que el narcotráfico en México se manejara como antaño: con grupos sólidos y sin violencia. Y para lograrlo se dio a la tarea de tejer fino incluso entre grupos antagónicos.

A él se le atribuye, por ejemplo, el acercamiento que llevaron a cabo los miembros del cártel del Golfo y de Sinaloa, lo cual se consideraba impensable en otros tiempos debido a la rivalidad histórica que dividió durante muchas décadas a ambos cárteles.

Y es que en los años sesenta y setenta el negocio de las drogas era manejado por un jefe máximo que, a su vez, contaba con el respaldo de otras organizaciones criminales. En aquella época todo se manejaba como en una gran familia. Bajo ese esquema comenzaron a operar los hermanos Arellano Félix, jefes del cártel de Tijuana, quienes eran estrechos amigos de Ismael «el Mayo» Zambada; el Chapo tenía buenas relaciones con ellos y todos convivían con Ernesto Fonseca Carrillo, Don Neto, el Padrino, el capo más longevo de todos y quien ahora cumple el resto de su pena en una prisión domiciliaria. Eran los tiempos en que la mafia en México era como una sola familia, como se acostumbraba décadas atrás entre los mafiosos de Sicilia y Estados Unidos.

Pero a mediados de los años ochenta aquella etapa de esplendor y bonanza se trastocó. Las ambiciones de poder desataron matanzas y traiciones, balaceras tanto de día como de noche y cada pedazo de territorio empezó a ser disputado a sangre y fuego.

Justamente cuando el entonces presidente Felipe Calderón anunció la guerra contra el narcotráfico, Esparragoza Moreno comenzó a deslizarse cual sigiloso es (o era) por todo el país para empezar a tejer alianzas entre los cárteles en disputa y así concretar negociaciones apremiantes.

Pocos meses después de la fuga de Guzmán Loera se organizó una suerte de cumbre de capos en Monterrey, Nuevo León, donde se deslizaron algunos lineamientos con miras a la construcción de un proyecto mafioso transexenal.

A dicha reunión, según las autoridades federales, acudieron Ismael «el Mayo» Zambada, los hermanos Beltrán Leyva, el Chapo Guzmán, algunos sicarios de confianza y, por supuesto, el Azul, quien vería sentadas las bases de un proyecto criminal más sólido, al menos en teoría.

En aquella discusión se tomaron decisiones claves para lograr el crecimiento del cártel de Sinaloa en los doce años que duró el Partido Acción Nacional (PAN) en el poder presidencial. Tres fueron los ejes que permitieron la expansión de Sinaloa en el mundo: acabar con la hegemonía de la familia Carrillo Fuentes en el negocio del narco; debilitar al cártel de Tijuana y declararle la guerra al cártel de los Zetas que, por esas fechas, eran vistos como una amenaza en el país debido a su gran poder para generar violencia y saña.

Lo cierto es que este proyecto criminal se fue cumpliendo paso a paso y el cártel de Sinaloa se convirtió —en los gobiernos del PAN— en la organización más poderosa del mundo.

Más allá de la captura del Chapo, visto como el líder máximo de este cártel, la organización de Sinaloa era tan sólida que hasta el propio Zambada García se atrevió a declararle al periodista Julio Scherer García: «Si yo muero o me detienen, todo seguiría igual».

La muerte misteriosa

El 7 de junio de 2014, el periódico *RíoDoce*, que se edita en Sinaloa, publicó una nota en la que, con base en diversas versiones que comenzaron a correr en ese estado, se daba como un hecho la muerte de Esparragoza Moreno, según se dijo, debido a un infarto fulminante.

De acuerdo con el semanario sinaloense, los informes que recibieron establecen que el Azul sufrió un accidente automovilístico quince días atrás y que salió lesionado de la columna vertebral. Algunas versiones sostienen que Esparragoza Moreno falleció en la Ciudad de México, otras afirman que su deceso ocurrió en Guadalajara, Jalisco, y algunas otras señalan que el capo habría sido traicionado y asesinado presuntamente en el proceso de su convalecencia luego del percance.

Se afirma que Esparragoza Moreno estaba extremadamente obeso y el sobrepeso le impedía incluso respirar. Esto le generó, se dice, severas incomodidades a grado tal que al levantarse de su cama habría sufrido el infarto.

El rumor de su muerte alcanzó niveles de noticia internacional. Pero hasta la fecha ninguna autoridad y menos aún sus familiares y amigos han salido a declarar algo al respecto; también se dijo en ese momento que los restos del capo nacido en Huixiopa, Sinaloa, fueron cremados con inusitada rapidez y que sus cenizas fueron trasladadas a Culiacán.

El Azul tenía 65 años de edad y se mantuvo activo durante 40 años ininterrumpidos en el negocio de las drogas. Entre otros, a él se debe en parte la expansión internacional del cártel de Sinaloa, grupo criminal que actualmente tiene presencia en cincuenta países.

Larga, muy larga es la historia de Esparragoza Moreno. A finales de los años ochenta y/o principios de los noventa el Azul fue aprehendido y recluido un tiempo en el reclusorio sur; más tarde fue encerrado en Almoloya de Juárez, en el Estado de México. Y en el transcurso del primer lustro de la década de los noventa fue preliberado.

Se afirma que el Azul salió caminando de la prisión. Tomó un camión y nunca se le volvió a ver. Para las autoridades estadounidenses, el capo era una pieza clave en los negocios del consorcio criminal Sinaloa; sin embargo, para la Procuraduría General de la República al capo se lo había tragado la tierra, pues hasta la fecha les resulta difícil confirmar o desmentir su muerte.

Gran parte de su vida criminal la desarrolló en Culiacán al lado de personajes como Pedro Avilés, Juan José Quintero Payán, entre otros. El Azul era sigiloso, aunque huidizo. Nunca permanecía en un mismo lugar. Mucho tiempo estuvo afincado en Aguascalientes y Querétaro, sus refugios habituales.

Luego cambió de residencia y se fue a Guadalajara a trabajar con Ignacio «Nacho» Coronel, quien controlaba toda la región e incluso operaron juntos la alianza entre Sinaloa y el cártel del Golfo, dos de las más poderosas organizaciones criminales.

El 12 de febrero de 2005, Art Werge, vocero del FBI en El Paso, Texas, anunció que había una recompensa de 5 millones de dólares para quien proporcionara información que llevara a la captura de Esparragoza

Moreno, quien entonces era señalado como uno de los principales líderes del cártel de Sinaloa.

El vocero del FBI se refirió al Azul con estas palabras: «Ha tenido la capacidad de formar estructuras muy bien organizadas en las que participan funcionarios, policías y militares e incluso importantes mandos del Ejército Mexicano».

Añadió que esa agencia lo considera uno de los hombres clave en el narcotráfico mexicano por los nexos que sostiene desde hace varios años con narcos colombianos para transportar cocaína a Estados Unidos. Es justamente por ese perfil tan superior que la Drug Enforcement Administration (DEA) ofreció desde el año 2005 una recompensa de 5 millones de dólares a quien de información sobre su paradero.

El vocero de la DEA describió así a Esparragoza Moreno: «Es muy peligroso, siempre anda armado y cuenta con un fuerte equipo de seguridad que lo cuida». En México, sin embargo, la percepción de las autoridades es otra: asumen que el Azul era un capo más proclive a la negociación que a la beligerancia.

En el sexenio de Vicente Fox, el Azul vivió cómodamente en el estado de Morelos, cuna de viejos capos mexicanos. Era gobernador el panista Sergio Estrada Cajigal, quien según la PGR tenía una relación tan estrecha con Nadia Esparragoza Gastélum a tal grado que se rumoró que era su novia.

Durante los primeros años de esta década, el aeropuerto de Cuernavaca era controlado por Esparragoza para hacer descender aviones cargados con drogas procedentes de Sudamérica. Los cargamentos aterrizaban sin mayores contratiempos en esa terminal aérea donde decenas de policías municipales y estatales protegían la mercancía y luego la transportaban a lugares seguros.

La red que protegía al Azul empezaba, según las autoridades de la PGR de la época, en el gobernador Estrada Cajigal, quien fue investigado por Vicente Fox pero nunca se ejercitó acción penal en su contra. En resumen: fue protegido.

El Azul fue en ese momento la segunda baja importante que sufrió el cártel de Sinaloa. La primera fue Joaquín Guzmán Loera, detenido en enero de 2014 tras mantenerse impune doce años. Antes, en 2010, había caído abatido a tiros Ignacio «Nacho» Coronel, quien tenía bajo control Guadalajara. Actualmente esta plaza —una de las más boyantes para el crimen organizado— está dominada por el cártel de Jalisco Nueva Generación (CJNG) y su jefe, Nemesio Oseguera, el Mencho tan sanguinario como habilidoso para corromper autoridades de todos los niveles.

***

Esparragoza Moreno se caracterizó en el mundo del crimen organizado por su inteligencia, pero también por sus andanzas e historias. En 1984, Esparragoza ya era todo un personaje. Perteneciente a la vieja guardia de narcotraficantes, formaba parte de una generación de capos hoy extinta, todos ellos miembros del viejo cártel de Guadalajara, encabezado en los años setenta por Miguel Ángel Félix Gallardo —el jefe de jefes— y cuyos integrantes eran Ernesto Fonseca, Rafael Caro Quintero, Emilio Quintero Payán, Miguel Salcido Uzeta —alias el Cochiloco— y Pablo Acosta Villarreal, dueño del pueblo de Ojinaga, Chihuahua, entre otras figuras emblemáticas. Todos ellos eran dueños y señores de las principales plazas del narcotráfico: Guadalajara, Sinaloa, Durango, por mencionar las más importantes rutas de la droga en México.

Contrario a la violencia y más proclive a la negociación, Esparragoza Moreno sobrevivió durante varios lustros a guerras, persecuciones, balaceras y desapariciones. Con ello dio muestras de su habilidad. También evadió las persecuciones de la PGR y del Ejército; en las esferas oficiales se le consideró un personaje extremadamente hábil para desaparecer en el momento preciso y sin dejar rastro, pues solía ser evasivo y escurridizo.

A principios de los años ochenta, el general Jorge Maldonado Vega, quien estuvo preso por ligarse con Amado Carrillo Fuentes —mejor conocido como el Señor de los Cielos—, tuvo un acercamiento con Esparragoza Moreno. Se lo presentó Javier Barba Hernández, miembro del cártel de Guadalajara, quien en aquellos años era un porro de la Universidad de Guadalajara y posteriormente ingresaría a las ligas mayores del narcotráfico, gracias a cierto carismático liderazgo, hasta que fue ejecutado durante un enfrentamiento en Mazatlán, Sinaloa.

Maldonado Vega tenía, en aquella ocasión, la encomienda de quemar seis toneladas de mariguana que había asegurado el Ejército en Guadalajara y Barba Hernández le solicitó una entrevista. El tema: negociar que la droga fuera entregada a la entonces Policía Judicial Federal. En ese encuentro, Maldonado Vega pudo conocer a otros capos: Rafael Caro Quintero, Emilio Quintero Payán, Ernesto Fonseca, Don Neto, y otros más, quienes estaban interesados en llevar a cabo la negociación para que la droga no fuera destruida.

Hay de uno hasta cinco millones de dólares —soltó la oferta Javier Barba al general Maldonado Vega. Lo único que debía hacer era entregar el cargamento a la policía, le dijo. El militar se negó, de acuerdo con lo expresado en su testimonio ministerial.

—La droga no se negocia: la voy a quemar y quiero respeto a mi trabajo. Si alguno de ustedes se mete, lo voy arrestar. Cada quien en lo suyo —dijo enérgico el general.

—Ésos son güevos, mi general, permítame que le bese la mano —comentó irónico el Azul, quien se levantó de su asiento y se dirigió hasta él. Le tomó la mano y le dio un beso como signo de reconocimiento a su autoridad.

Acto seguido, el resto de los asistentes a la reunión hicieron lo mismo. Al día siguiente la droga se quemó en el mismo lugar donde se había detectado el plantío, en las faldas del cerro de Tequila, muy cerca del poblado de Santiaguito.

Si realmente murió, como se afirma, Esparragoza Moreno quedó envuelto en una humareda de misterio. Ninguna autoridad confirmó oficialmente su muerte.

Nadie pudo ver el cuerpo y nada se sabe respecto de dónde fueron depositadas sus cenizas, pues se afirma que fue cremado. Según información *RíoDoce,* un personaje que sólo se identificó con el nombre de «Manolo» acudió a la parroquia del Espíritu Santo, ubicada en la colonia Las Quintas, en Culiacán, Sinaloa. Ante el sacristán de la iglesia dijo que iba a apartar una novena de misas para el difunto «José Moreno». Acto seguido, se registró el nombre del fallecido, los días de las misas, la hora —todos los días a las siete con quince minutos de la noche—, hizo un pago para los arreglos de la parroquia y se marchó.

El periódico semanal *RíoDoce* informó que las misas eran para el capo Juan José Esparragoza Moreno, el Azul. Se realizaron martes, miércoles y jueves, siempre a las 19:15 horas. A las homilías acudieron personajes del hampa ampliamente conocidos, así como allegados a la familia Esparragoza Moreno.

En la parroquia se desplazaban María de los Ángeles Beltrán Caro y Rocío Quintero Beltrán, quien es hija del legendario Lamberto Quintero y viuda de Juan José Esparragoza, un hijo del Azul que murió hace dos años como consecuencia de un accidente: se cayó de un edificio.

También asistieron políticos como el gobernador de Sinaloa, Mario López Valdez, quien al ser cuestionado sobre la muerte de Esparragoza Moreno, dijo: «Sólo son rumores, no tenemos nada oficial». De gira por España, el entonces procurador general de la república, Jesús Murillo Karam, declaró: «No podemos confirmar nada. Yo no tengo información».

Y mientras la familia Esparragoza Moreno estaba «en duelo», las autoridades federales guardaban silencio. No confirmaron, pero tampoco lo negaron. El velo del misterio envuelve al Azul, quien vivió como murió: atrapado entre las sombras.

Las andanzas del Güero Palma

Héctor Luis Palma Salazar, también conocido como el Güero Palma, exsocio de Joaquín «el Chapo» Guzmán, quien tiene en su haber una larga historia de muertes y traiciones, está de regreso en México.

Y viene a reemplazar a Guzmán Loera en el cártel de Sinaloa, de acuerdo con la Procuraduría General de la República (PGR) y la Secretaría de Relaciones Exteriores (SRE), su extradición a Estados Unidos ya es inminente.

Palma Salazar y Guzmán Loera —entrenados en la vieja escuela del narcotráfico— fueron socios en la década de los ochenta y parte de los noventa. Ambos se formaron bajo las enseñanzas de Ernesto Fonseca Carrillo, Don Neto, y Miguel Ángel Félix Gallardo, aunque Palma se convirtió en enemigo acérrimo de su maestro debido a una tragedia: la muerte de su esposa y sus hijos, de cuyos crímenes fue acusado Félix Gallardo.

Después de nueve años de permanecer en prisión en Estados Unidos, luego de que el gobierno de Felipe Calderón lo extraditó en 2007, el capo que comandó los destinos del cártel de Sinaloa entre los años setenta y ochenta regresa a territorio mexicano libre de cargos.

Su deportación de Estados Unidos hacia México, según las autoridades mexicanas, está programada para el sábado 11 de junio de 2016. Cruzará a territorio nacional por la frontera de Tijuana. La procuradora General de la República, Arely Gómez, dijo que ya revisa si Palma Salazar aún tiene cuentas pendientes con las autoridades mexicanas, pues de existir algún cargo vigente o una orden de aprehensión —precisó— se ejecutaría tan pronto Héctor Palma pise suelo mexicano.

De acuerdo con sus antecedentes criminales, Héctor Luis Palma Salazar —quien hasta 1995 protagonizó tiroteos y balaceras en buena parte del norte de México— ya no tiene cargos pendientes con la justicia mexicana, de tal suerte que quien fuera uno de los capos más buscados por la justicia dentro y fuera de México se irá directo a su casa o bien a algún refugio en su natal Sinaloa.

A mediados del 2004, Héctor Palma Salazar estaba preso en el penal de Puente Grande, Jalisco. Encerrado desde 1995, tras sufrir un accidente aéreo que por poco le cuesta la vida, Palma compurgó la mayoría de los delitos que entonces se le imputaron. Otros simplemente prescribieron. Y cuando estaba por recobrar su libertad, al estar a punto de prescribir el delito que lo mantenía en prisión —acopio de armas— la PGR le notificó que el gobierno de Estados Unidos había girado en su contra una orden de aprehensión con fines de extradición.

Esta notificación frustró su libertad. Todo esto ocurrió en septiembre de 2006, cuando agonizaba el sexenio de Vicente Fox.

No fue sino hasta el 2007, durante el primer año de gobierno de Felipe Calderón —el primer presidente que declaró la guerra al crimen organizado— cuando Palma Salazar fue extraditado junto con otros capos emblemáticos, entre otros, Rafael Arellano Félix, miembro del cártel de Tijuana.

Arellano permaneció en prisión poco tiempo. Tras su deportación a México, menos de un año después, comenzó a hacer vida familiar, pues estaba libre de cargos. Cuando festejaba el cumpleaños de uno de sus hijos en la ciudad de Ensenada, Baja California, un payaso que amenizaba la fiesta infantil se le acercó y le descargó una pistola en la cabeza. Era claro que ya no pesaba en su contra ningún delito, pero aún tenía cuentas pendientes con sus exsocios.

En aquella remesa de capos extraditados por Calderón también se enlistó al exgobernador de Quintana Roo, Mario Villanueva Madrid, ligado al cártel de Juárez. En su expediente criminal se afirma que Villanueva Madrid usaba los hangares del gobierno de Quintana Roo para que descendieran aviones cargados con cocaína y dinero. No sólo eso: puso a disposición del cártel de Juárez a toda la policía del estado, cuyos elementos vigilaban los despegues y aterrizajes de aviones procedentes de centro y Sudamérica que explotaron como nunca antes la socorrida ruta del Caribe.

En la lista negra de 2007 figuraban otros importantes capos del narcotráfico que acompañaron a Héctor

Luis Palma Salazar a su viaje a Estados Unidos: Osiel Cárdenas Guillén, conocido como el Mata Amigos, y quien entre los años de 1996 y 2003 figuró como jefe del cártel del Golfo.

Gilberto García Mena, el June; Armando Valencia Cornelio, el Maradona, y su exempleado Carlos Rosales, el Carlitos; Miguel Ángel Félix Gallardo —enemigo acérrimo de Palma Salazar— jefe del cártel de Guadalajara detenido en 1989 por delitos contra la salud, tráfico de armas y por ser señalado como uno de los autores intelectuales y materiales del asesinato del agente de la DEA, Enrique Camarena.

La lista de Calderón también incluyó a Javier Torres Félix, el JT; Benjamín Arellano Félix quien junto con su hermano Ramón (asesinado en Culiacán cuando pretendía matar a Ismael «el Mayo» Zambada) encabezaron el cártel de Tijuana, de amplia y negra historia.

Otro personaje extraditado fue Miguel Ángel Caro Quintero, exmiembro del legendario cártel de Guadalajara; Ismael Higuera, el Mayel, pasador de droga y de los más eficientes, según su historial, del cártel de Tijuana. Óscar Malherbe de León, exsocio de Juan García Ábrego; José Álvarez Tostado, Jesús Labra, el Chuy, lavador de dinero del cártel de Tijuana y tío de los hermanos Arellano Félix.

De esta amplia lista de capos extraditados en 2007, el único que retornó a México libre de delitos fue Francisco Rafael Arellano Félix, pues el gobierno de Estados Unidos lo requirió porque aún le faltaban por compurgar algunos meses de prisión por el delito de posesión de droga del que fue acusado a principios de los años ochenta.

De confirmarse su deportación para el sábado 11 de junio, el segundo personaje del narcotráfico que retornaría a México para quedar en libertad sería Héctor Luis Palma Salazar, quien carga a cuestas una larga historia de crímenes perpetrados desde los años setenta hasta poco antes de su aprehensión en 1995.

Negra historia

En sus años de esplendor, hacia las décadas de los setenta y ochenta, Héctor Luis Palma Salazar se significó dentro del narcotráfico como un capo sanguinario. Igual que Ramón Arellano Félix, su enemigo, no tenía límites si de matar se trataba. De la misma forma, así como mató con saña también fue blanco de venganzas atroces.

A finales de los años ochenta, cuando el narcotráfico resurgía en Guadalajara bajo el mando de Miguel Ángel Félix Gallardo —a quien se le atribuye el rediseño de los cárteles con dinámica empresarial— la esposa y dos hijos de Palma Salazar fueron asesinados en San Francisco, California, y en Venezuela. En ambos casos la autoría intelectual del crimen se atribuyó a Félix Gallardo.

Por las características de los asesinatos, en esa ocasión las autoridades federales no dudaron en calificar ese hecho sangriento como parte de una guerra entre narcotraficantes. Y es que Guadalupe Leija de Palma (entonces esposa del Güero Palma) fue asesinada y descuartizada en San Francisco. No fue todo: su cabeza fue colocada en una caja que, a su vez, fue envuelta y llevada a la residencia de Palma Salazar como un regalo.

El enviado de Félix Gallardo llegó al domicilio de Palma Salazar y tocó el timbre varias veces. Un mozo se asomó a la puerta y recibió la caja decorada con cintas de colores y un vistoso moño. En las investigaciones de entonces se afirma que cuando Luis Héctor Palma Salazar abrió la caja descubrió el horror: la cabeza de su esposa.

Con quince días de diferencia, los hijos que Palma Salazar procreó con Guadalupe Leija —Nataly y Héctor, de cuatro y cinco años de edad, respectivamente— corrieron con la misma suerte. Según el parte policiaco venezolano, los menores fueron arrojados desde una altura de 150 metros, en el puente conocido como La Concordia, en la ciudad de San Cristóbal, estado de Táchira.

La policía y el propio Palma Salazar no lo dudaron: el autor material del crimen fue identificado como Rafael Clavel Moreno, de origen venezolano, ligado al capo Miguel Félix Gallardo.

Testimonios ministeriales de integrantes de la organización encabezada por Palma Salazar, quienes fueron aprehendidos en diferentes ciudades, coincidieron que al enterarse de la muerte de su esposa y de sus hijos el capo sinaloense juró vengarse. «Esto no se va a quedar así», dijo.

De esta forma comenzó una larga guerra sangrienta en el norte del país entre los grupos de Félix Gallardo y Luis Héctor Palma Salazar; ambos bandos, según se dijo entonces, eran protegidos por diversas aristas de la Policía Judicial Federal, como el comandante Mario Humberto González Treviño, quien fue acusado de proteger a Palma. Ese exagente federal también fue implicado como presunto autor intelectual del asesinato de la activista sinaloense Norma Corona, cuya muerte sigue impune.

A lo largo de varios años ocurrieron cientos de crímenes, entre otros, cayeron abatidos a tiros sicarios, policías y socios de Félix Gallardo. Las autoridades federales no dudaron que aquella ola de muertes era parte de la venganza que había jurado Palma Salazar.

El *rafagueo* de las metralletas alcanzaron hasta al abogado de Félix Gallardo, Carlos Morales García, el Pelacuas, quien encabezaba su defensa desde 1989, cuando fue detenido al arranque del sexenio de Carlos Salinas por el policía estrella del momento: Guillermo González Calderoni.

La historia de aquella detención es la siguiente: González Calderoni ubicó el escondite de Félix Gallardo en Sinaloa. Acudió al domicilio apoyado por decenas de policías. Tocó a la puerta y lo recibió Félix Gallardo con un efusivo saludo:

—¿Qué pasó, compadre? Qué gusto me da verlo.
—Qué compadre ni que tu chingada madre —respondió Calderoni al tiempo que le soltaba una bofetada que le zarandeó su esquelético cuerpo.

Y en ese momento lo detuvo. Palma Salazar entonces se quedó como amo y señor de la plaza de Sinaloa, con amplios dominios hacia Tijuana y Guadalajara.

Después se asoció con el Chapo, hasta que el segundo fue detenido en Guatemala.

Cayó del cielo

Hacia marzo de 1995, Luis Héctor Palma Salazar dominaba el tráfico de drogas en el norte de México. Su rival en el negocio era Amado Carrillo Fuentes, el Señor de los Cielos, quien fue declarado oficialmente muerto en 1997. Guzmán Loera ya estaba preso en el penal de Almoloya, luego de haber sido aprehendido en Guatemala.

Por aquellas fechas, la policía buscaba por todas partes a Palma Salazar…, hasta que un día el capo les cayó, literalmente, como un regalo del cielo: Palma había abordado con urgencia un *jet* ejecutivo de una empresa privada que lo trasladara de Ciudad Obregón, Sonora, a Guadalajara, Jalisco.

Sin embargo, cerca de Nayarit, el *jet* en el que viajaba Palma Salazar de pronto sufrió una falla técnica y se desplomó en un paraje. Entonces, cuando ni siquiera esperaban encontrarlo la policía lo detuvo tras rescatarlo entre los fierros retorcidos de la aeronave. Palma se había fracturado una pierna y un brazo, lo que le impedía moverse.

En aquel momento, la Policía Federal festejó la captura de Palma Salazar, aunque reconoció que no lo buscaban por ninguna parte. «Fue una verdadera casualidad», dijo el entonces jefe de la policía local de Nayarit.

Semanas antes del accidente, Palma Salazar, quien entonces era uno de los capos más buscados por la PGR y la DEA, se había paseado por las calles del pueblo de Guayabitos, Nayarit, montado en un caballo pura sangre que, con frecuencia, era seguido por una banda de tambora sinaloense. Otras veces detrás del caballo iba un Corvette.

Si algo caracterizó a Palma Salazar durante sus años de esplendor en el narcotráfico fue que siempre adelante, atrás, a los lados y en todas partes agentes federales lo acompañaban y lo protegían.

Después de nueve años de estar en una prisión de Estados Unidos, Luis Héctor Palma Salazar está de regreso. El sábado 11, según la PGR, las autoridades estadounidenses lo deportarán a México libre de delitos.

Lo extraño de todo es que tal deportación ocurre cuando Joaquín Guzmán Loera está a punto de ser extraditado a Estados Unidos —trueque de capos— y cuando el Partido Acción Nacional (PAN) ganó siete de las once gubernaturas que se disputaron el 5 de junio de 2016, lo que podría implicar no sólo un reacomodo de fuerzas políticas sino también criminales.

Durante los sexenios panistas de Vicente Fox y Felipe Calderón, el cártel de Sinaloa, bajo el mando de Guzmán Loera, se posicionó como la empresa criminal más poderosa del mundo.

Con amplios conocimientos en el mundo del crimen organizado, contactos y protección, Luis Héctor Palma Salazar, tras su llegada a México, se colocará como la pieza clave de reemplazo del Chapo.

10
Veracruz:
la anarquía como gobierno

MENORES DE EDAD DECAPITADOS EN EL SUR DE Veracruz, sacerdotes acribillados tras una supuesta «noche de copas», balaceras adentro y afuera de bares como ajustes de cuentas que cobran vidas por docenas, levantones de jóvenes cuyo paradero se ignora. Ejecutados en el norte, narcofosas en la costa y tiraderos de cuerpos en la cuenca.

Así, como una sistemática intimidación de los medios de comunicación, es el saldo sexenal que en Veracruz deja el priista Javier Duarte de Ochoa y sus estructuras de seguridad pública y de procuración de justicia —la mayoría de ellas infiltradas por el narcotráfico— y que fueron incapaces de contener una gobernabilidad en el tercer estado más poblado del país.

El mapeo criminal y el control de las distintas plazas fértiles para el narcotráfico fue elocuente conforme avanzó el sexenio duartista. En diciembre del 2010, y durante todo el primer semestre del 2011, desde Pánuco hasta Las Choapas, es decir, de norte a sur, la organización delincuencial de los Zetas y una pequeña célula del cártel del Golfo —afincada al norte de Veracruz, en la llamada Huasteca veracruzana— dominaban el trasiego de drogas y otras actividades criminales como las extorsiones, secuestros, robo de combustibles, los giros negros y hasta la distribución de la mercancía pirata.

Sin embargo, para septiembre del 2011, la aparición de 34 cuerpos sin vida en los carriles aledaños a la Plaza del Volador —ubicada a un costado de la boyante Plaza Américas en Boca del Río— significó la irrupción de la organización Mata zetas, hoy conocida como cártel de Jalisco Nueva Generación y que conforme pasaron los años y avanzó el sexenio, fueron reforzando sus estructuras criminales a lo ancho y largo de Veracruz con la complacencia del poder en turno.

Tan sólo entre los meses de septiembre y noviembre del 2011, sicarios del cártel de Jalisco Nueva Generación efectuaron un operativo de limpieza en las regiones de Veracruz, Boca del Río, Medellín, Soledad de Doblado, La Antigua y Manlio Fabio Altamirano —municipios conurbados y ubicados en la región costera y del sotavento veracruzano— que costó la vida a más de 200 personas ligadas a la organización delincuencial de los Zetas.

Esta arremetida violenta derivó en una verdadera masacre: en septiembre de ese año fueron arrojados 34 cuerpos en las inmediaciones del centro comercial Plaza Américas; 33 más aparecieron en azoteas de residencias del fraccionamiento Costa de Oro y Costa Verde, respectivamente, en Boca del Río en los primeros días de octubre. Un mes después, 28 cadáveres se hallaron en dos fosas en el municipio de Manlio Fabio Altamirano, los que fueron inhumados en noviembre de 2011.

La matanza de Zetas y de personas relacionadas con este cártel fue de tal magnitud que muchos cadáveres fueron enterrados clandestinamente en un *narcocementerio* descubierto en la congregación de Santa Fe, muy cerca del recinto portuario, donde se sepultaron a noventa personas; el hallazgo de igual número de fosas con cráneos, restos óseos y ropas en estado de pudrición evidenció el horror de una verdadera «carnicería» derivada de los enfrentamientos entre miembros de los Zetas y del cártel de Jalisco por mantener el control del tráfico de drogas y negocios alternos (extorsiones, secuestros y administración de burdeles y otros giros negros) en la zona de Veracruz-Boca del Río, una de las más visitadas por los turistas nacionales y extranjeros.

A esta zona, donde se establecieron grandes hoteles con vista el mar y hermosas playas, se le considera «la joya de la corona» del Golfo de México, pues es tierra fértil para el trasiego de drogas sintéticas que se opera desde el recinto portuario, donde también circulan a granel drogas como cocaína, cuya venta está protegida por las autoridades federales y aduaneras. Esta área turística también está peleada porque representa ingresos millonarios para los cárteles que la controlan, pues cobran el llamado derecho de piso a hoteles, bares, discotecas y restaurantes de lujo. Sin embargo, también es un mercado importante para la industria del secuestro, pues ahí viven los más acaudalados empresarios y políticos de la entidad.

La violencia de alto impacto continuó imparable en todo el estado a pesar de las medidas para frenarla. Imbuido en una severa crisis de seguridad, en febrero de 2016, el priista Javier Duarte organizó una rueda de prensa para presumir la «neutralización» de 123 integrantes de la delincuencia organizada, entre ellos 99 elementos Zetas y 11 del cártel de Jalisco.

Y afirmó, tajante, que ninguna entidad ha logrado lo que la suya en el combate a la delincuencia organizada: «Frente a recientes acontecimientos, no podemos quedar cruzados de brazos. Estamos haciendo todo en el marco de la ley. Lo reitero: no cederé un milímetro en la lucha frontal contra el crimen organizado», reviró a sus críticos.

Con radiografías y cuadros sinópticos, el mandatario veracruzano enlistó a los delincuentes y capos que han sido detenidos y/o abatidos, como dijo, «dentro del marco de la ley»: Alejandro Castro Alfonso Picoreta, jefe regional de los Zetas en los estados de Veracruz, Puebla y Tlaxcala; José Eduardo González Barrera, jefe de plaza en Orizaba; Pablo Arsenio Cruz, segundo del Picoreta; Josele Márquez Balderas, el Chichi, jefe de plaza de la región Córdoba-Orizaba.

Aquiles Amaranto Cruz Hurtado, el comandante Aquiles, jefe de Plaza de los Zetas en la zona conurbada Veracruz-Boca del Río; Raúl Lucio Hernández Lechuga, el Lucky o Z-16, fundador del grupo criminal los Zetas; Romeo Domínguez Vélez, jefe de plaza de los Zetas de la zona sur de la entidad; y Francisco Reyes Acosta, exjefe de plaza de los Zetas en varios puntos del estado. En este recuento de detenciones, curiosamente los mandos detenidos del cártel de Jalisco Nueva Generación (CJNG) fueron los menos.

Con estas estadísticas oficiales, la configuración criminal en Veracruz ha cambiado. Desde el 2013, la capital del estado y los municipios aledaños al puerto de Veracruz pasaron a ser controlados por integrantes del cártel de Jalisco, el llamado cártel consentido del sexenio peñanietista.

A principios de 2015, esta organización criminal, con apoyo del grupo armado los Antrax, irrumpió con fuerza en el corredor industrial Córdoba-Orizaba, en municipios de la Cuenca del Papaloapán —donde han sido detectados más de cuatro *narcocementerios* clandestinos en este sexenio— como Tierra Blanca, Tres Valles, Carlos A. Carrillo y Cosamaloapan, demarcaciones enclavadas en la región azucarera de la Cuenca del Papaloapan.

Al arranque del 2016, células del CJNG —varias de ellas reforzadas por policías estatales y municipales acreditables— anunciaron mediante *narcomantas,* cartulinas y mensajes dejados en personas ejecutadas que ya habían iniciado operaciones en municipios del sur de la entidad como Acayucan, Cosoleacaque, Coatzacoalcos y Las Choapas; mientras que en el norte de la entidad irrumpieron, a sangre y fuego, en los puertos estratégicos de Tuxpan y de Poza Rica, otrora feudos de los Zetas que, tras la arremetida, tuvieron que replegarse a pequeños municipios de la entidad y a zonas serranas.

Infancia decapitada...

En Veracruz, la saña del narcotráfico no tuvo límites. Entre el 6 y el 14 de septiembre de 2016, tres menores de edad fueron decapitados por el crimen organizado en Las Choapas, último reducto del territorio veracruzano en el sur, cuya demarcación colinda con los estados de Tabasco y Chiapas y está considerado como un paso estratégico para migrantes centroamericanos. También es un territorio donde el saqueo de combustibles a través de los ductos de Pémex se convirtió en un negocio redituable para narcos y altos funcionarios de la paraestatal.

El caso de los adolescentes decapitados causó terror. Miguel Jacinto de la Cruz Morales y Rubén Félix Olán, ambos de 17 años, fueron desmembrados y decapitados, junto con otras tres personas en el sur de la entidad. Sus cuerpos fueron arrojados sobre la carretera rural Las Choapas-Raudales, a más de 430 kilómetros de Xalapa, capital veracruzana.

Los sicarios que cometieron esta atrocidad recogieron los despojos y los metieron en bolsas negras, donde eran visibles los torsos y las extremidades desmembradas. Como estaban irreconocibles, sus familiares tuvieron que identificar a las víctimas por medio de lunares, tatuajes y la vestimenta. El dolor y el horror se extendió por más tiempo, pues días después sus cabezas aparecieron en un bidón de Pémex.

Por esas mismas fechas, en el municipio de José Azueta, al sur de la entidad, tres hombres amordazados y con resquicios de tortura fueron abandonados en un camino vecinal. Un día antes, el director del hospital de Playa Vicente, Roberto Valderrama, fue acribillado en el interior de su camioneta en pleno centro histórico de la cabecera municipal.

El colofón de esta espiral de violencia que conmocionó a cientos de familias en el sur de Veracruz, fue el hallazgo de un adolescente decapitado, embolsado y abandonado a propósito en las puertas del rancho del alcalde, el expriista y hoy perredista Marco Estrada Montiel. El joven de apenas doce años de edad, huérfano de padre, respondía en vida al nombre de Alberto Pérez Salas.

La guerra entre los Zetas y el cártel de Jalisco Nueva Generación alcanzó a impactar en las redes sociales: a través de cartulinas y *narcomantas* integrantes de ambos cárteles intercambiaron insultos, mentadas de madre y amenazas de muerte. A menudo decían abiertamente que el control de la plaza estaba en disputa. Los mensajes fueron elocuentes: «Les vamos a dar donde más les duele», «así como ustedes también se pasan de verga con las familias, nosotros lo haremos con las suyas» y «esto va para todos los mugrosos Z's, ya llegó Cártel Nueva Generación», fueron algunas de las consignas que se pudieron encontrar en el llamado ciberespacio.

La limpieza de Zetas

La autocensura de los medios de comunicación fue el recurso de muchos reporteros de la región de Córdoba-Orizaba —y en general en todo el estado—, más aún tras la agudización de la violencia del crimen organizado. El silencio de la prensa fue más evidente después de los asesinatos de los reporteros Juan Santos Cabrera —corresponsal de Televisa en esa región— y Anabel Flores Salazar, colaboradora de los periódicos *El Buen Tono* y *El Sol* de Orizaba, a quienes se les relacionó con el narcotráfico, en particular con la célula de los Zetas afincada en esa zona veracruzana.

Según datos de las averiguaciones previas que integró la Fiscalía de Veracruz, estos reporteros realizaban funciones de vocería para los Zetas. Sus muertes fueron de gran impacto: Santos Cabrera fue ejecutado en un bar cuando convivía con uno de los jefes de los Zetas de esa región, en tanto que Anabel Flores fue secuestrada en su casa y posteriormente asesinada por miembros de ese mismo cártel. Como consecuencia de estos crímenes, la prensa local optó por el silencio a pesar de los ajustes de cuentas que realizó el cártel de Jalisco en una decena de municipios.

Tras el asesinato de la periodista Anabel Flores, el director de *El Buen Tono*, José Abella García declaró que la informadora estaba coludida con los Zetas, lo que desató protestas del gremio veracruzano por el señalamiento acusatorio y porque lo primero que los periodistas le replicaron al director era que, si él sabía que Flores tenía ligas con el narco, por qué permitió que escribiera en el diario.

José Abella García, según su propia historia, es un empresario (no periodista) que posee aeronaves, coches deportivos y un estilo de vida opulento que le permite realizar frecuentes viajes a Estados Unidos y a islas exóticas del Caribe y Europa.

Su fortuna, según él, proviene de sus negocios en el ramo de los bienes raíces y de las ganancias del periódico *El Buen Tono*, de línea oficialista. En el año 2012, las instalaciones del periódico fueron baleadas y quemadas. El atentado se le atribuyó al cártel de los Zetas.

Sin embargo, tanto su fortuna, su estilo de vida y el atentado perpetrado por los Zetas despertaron sospechas sobre Abella que para el abogado penalista Jorge Reyes Peralta parecen ser indicios sólidos de que este personaje encubierto por el poder político está relacionado con el crimen organizado y como partícipe de diversos negocios ilícitos, como consta en un video que hizo circular el periódico digital *Al Calor Político*, donde se ventiló tal información. Por esas causas, dice Reyes Peralta, a José Abella «lo debería estar investigando la PGR».

A pesar de que Abella es dueño del diario *El Buen Tono* —con circulación en Córdoba, Orizaba y Nogales—, se ha expresado con rechazo hacia el gremio periodístico de la zona. A la agencia informativa *Sin filtros*, por ejemplo, declaró: «La mayoría de los reporteros veracruzanos son una basura, una porquería».

Y tras señalar que su reportera, Anabel Flores, estaba ligada al narco, Abella García fue puesto en la mira de organizaciones nacionales e internacionales como Artículo 19, Reporteros sin Fronteras y PEN Internacional por amenazar «con romperle la madre» a dos periodistas de Veracruz: al columnista Aurelio Contreras y a Noé Zavaleta, corresponsal del semanario *Proceso* en esa entidad. Este último, por cierto, tuvo que refugiarse en la Ciudad de México de julio a septiembre de 2016 debido a las amenazas e intimidaciones, así como al temor de que atentaran contra su vida.

Por complicidad o miedo, la autocensura fue notoria en los medios de información escritos y electrónicos. Según datos de la Fiscalía Regional Zona Centro, entre el 2015 y el primer semestre de 2016 se registraron 150 ejecuciones en el estado, de los cuales un poco más de la mitad ocuparon escuetos espacios en las secciones de nota roja de los diarios regionales.

Las masacres dieron rienda suelta al horror y al miedo por la saña mostrada: jóvenes encontrados con el tiro de gracia y hematomas de tortura a orillas de Río Blanco, ejecutados en el interior de su vivienda, acribillados en el interior de un bar, sicarios sorprendidos y aturdidos por el alcohol consumido, cuerpos «ensabanados» aún sin identificar y que fueron abandonados en parajes carreteros de municipios como Amatlán de los Reyes, Nogales, Ixtaczoquitlán y Acultzingo.

El reto franco y claro del CJNG a la llamada «última letra» llegó en los primeros días de agosto del año pasado, una semana antes de la irrupción al bar La Taberna, donde perdieron la vida Felipe Santana Hernández, el Felino —jefe de sicarios de los Zetas—; el excorresponsal de Televisa de esa ciudad, Juan Santos Cabrera; y los sicarios Sergio Mendoza Morgado y Alberto Rodríguez Romero, así como Eduardo Castillo Romero, mesero del lugar.

Hasta ese sitio arribaron los sicarios del narcotráfico y abrieron fuego sin piedad. El anuncio que desoyeron y que era la antesala de la muerte, fue colocado en diversos puentes peatonales de la región industrial y montañosa: «Estamos aquí para hacer una limpia. Usen a más gente para que sepamos quiénes son y vayamos por ellos también. Todo Córdoba y la región sabe que ustedes mueven su droga, armas y dinero en taxis».

En algunas mantas, los firmantes «Cárteles Unidos», que concentra a grupos delictivos como los Ántrax, el cártel de Sinaloa y el CJNG advertían que irían por jefes de plaza de los Zetas, comerciantes a sus servicios o con quienes tuvieran negocios, así como taxistas y halcones; policías y también reporteros al servicio de esa organización criminal. Tras la muerte de Santos Cabrera y de Flores Salazar, varios reporteros se exiliaron de la entidad, algunos de ellos, con resguardo policíaco del Estado.

La segunda advertencia del CJNG ocurrió el 24 de mayo de 2016, pues en la carpeta asfáltica Córdoba-La Tinaja se hallaron cinco cuerpos desmembrados de presuntos integrantes de los Zetas. Ese mismo día, en un camino rural y por demás estropeado para la circulación vehicular que conduce de Jamapa a Manlio Fabio Altamirano, dos cuerpos fueron abandonados con el tiro de gracia.

Estos siete ejecutados tenían mensajes muy similares clavados en sus cuerpos: «La limpia CJNG, ya estamos aquí marino (*sic*) chucky, cachorra, pechugas, estrella y mugrosos que los sigan a ti. Doble R aquí está su basura y autoridades que los sigan».

Uno más elocuente, complementaba la idea de la organización criminal de intimidación a los integrantes de la llamada «última letra»: «X un Veracruz limpio. Esto me pasó por venir a meterme a Veracruz donde limpian con todo a los mugres Z».

Y es que las masacres perpetradas por los cárteles de Jalisco y Sinaloa así lo demuestran, pues la sangre se ha derramado en todo el corredor petrolero, Tuxpan y Poza Rica, en la región del Totonacapan que agrupa Papantla, Coxquihui y El Espinal, en la zona costera y del sotavento que concentra las playas turísticas de Veracruz, como el puerto, Boca del Río, La Antigua, Úrsulo Galván y Actopan, así como la Cuenca del Papaloapan y el sur de Veracruz, desde Acayucan hasta Las Choapas, pasando por Minatitlán y Coatzacoalcos.

La violencia de Veracruz fue grabada y subida al canal de videos *YouTube*, donde se pueden ver, con lujo de detalle, cómo ejecuta y tortura el crimen organizado. Ahí se observan, por ejemplo, sendas ejecuciones de presuntos integrantes de los Zetas y de Guachicoleros (ladrones de combustible de PEMEX) quienes arrodillados ante sujetos encapuchados e identificados como «gente de Sinaloa» o «Nueva Generación» les cortan la lengua o los golpean para obligarlos a «cantar» su actividad delincuencial y posteriormente morir ejecutados. Los contenidos multimedia, una vez logrado su objetivo de ser vistos por cibernautas y periodistas eran borrados.

Durante los años 2014, 2015 y 2016, Veracruz se vio envuelto en una ola de violencia que no tuvo bajamar ni calma. Fue claro, pues, que el crimen organizado le perdió todo respeto a la autoridad en el estado, incluida la Federal.

En la ciudad de Xalapa —considerada en otro tiempo como la Atenas veracruzana por su nivel cultural y la diversidad de actividades artísticas— se convirtió en campo de batalla para el narcotráfico, mientras que los funcionarios gubernamentales, limitados para actuar, se convirtieron en meros espectadores del desastre.

La madrugada del domingo 22 de mayo de 2016, cinco personas fueron ejecutadas al interior del bar Madame en Xalapa, luego de que un grupo de sicarios abrió fuego contra los asistentes; en la refriega a balacera abierta, resultaron heridas otras 14 personas, una de ellas falleció días después en el hospital civil.

Las cámaras de videos del antro, donde solía concentrarse la comunidad gay, mostraron que un empleado del antro quedó tendido a la entrada del lugar y luego el grupo de sicarios se concentró en una sola mesa.

En rueda de prensa, la Fiscalía General del Estado informó que «los agresores iban específicamente tras varios sujetos (*sic*) que se encontraban en una de las mesas de ese bar».

Gracias a policías ministeriales y de exempleados del lugar, cobró fuerza la versión de que los delincuentes —no quedó definido si eran zetas o gente del cartel de Jalisco— querían cobrar «derecho de piso» al dueño del antro, aunque otras versiones indican que otro grupo delictivo ya cobraba dicha cuota y los socios del negocio tenían «arreglado» el negocio.

Por este hecho, hoy en día sólo hay dos detenidos. Uno de ellos es Gabriel Martínez Godos, de 20 años de edad, mejor conocido como el Niño Sicario en el penal de Pacho Viejo, y quien ha señalado al periódico digital *Blog Expediente* como un «chivo expiatorio» de la Fiscalía, por lo que teme morir en la cárcel. El otro detenido es Aurelio «el Yeyo» Valencia, empresario: es dueño de varios *table dance* en Xalapa y a quien la policía ministerial detuvo como probable responsable de la balacera y multihomicidio en el interior del Madame.

El narcorancho sin fin...

Durante el gobierno del priista Javier Duarte de Ochoa los *narcocementerios* brotaron por todo el territorio veracruzano. Conforme fue avanzando el sexenio, elementos del Ejército Mexicano y de la Secretaria de Marina-Armada de México, y en menor medida la Fiscalía General del Estado —anteriormente Procuraduría General de la República—, fueron descubriendo inhumaciones ilegales en la Huasteca veracruzana, la Cuenca del Papaloapan y en el sur de la entidad, incluso en zonas de playas, paradójicamente cercanas a la escuela naval de Antón Lizardo.

Las estadísticas publicadas por los medios de Veracruz, apuntan que existen más de 20 *narcocementerios* en dicha entidad bañada por el Golfo de México, con un aproximado de 200 osamentas encontradas bajo la tierra.

El hallazgo más importante ocurrió en el rancho El Diamante, localizado en el municipio de Tres Valles, en donde se hallaron doce *narcofosas* entre el 16 y 18 de octubre. Elementos federales, policías ministeriales y hasta panteoneros sacaron un total de 33 cuerpos de un predio de ese rancho que es propiedad del exalcalde Fernando Cano Cano (ya fallecido). Tras la muerte de ese político priista, el rancho entró en una disputa familiar y legal, lo que aprovechó la delincuencia para apropiarse de él.

Al transcurrir el tercer día de las diligencias con cercos de seguridad para mantener el hermetismo, pero con una filtración ya en la prensa nacional e internacional encima, comandantes de las fuerzas armadas y de la extinta Procuraduría General de Justicia acordaron dejar de excavar la tierra. Los responsables de las exhumaciones decían: «O le paramos o no acabamos nunca». El cierre oficial fue de 33 cuerpos hallados. Varios de ellos estaban decapitados y a otros les faltaban las extremidades.

Las narcofosas siguieron pareciendo en los municipios de Acayucan, Alvarado, Cosamaloapan, Pueblo Viejo, Coatzacoalcos, Emiliano Zapata, Córdoba y en otras demarcaciones. Tras el hallazgo de estos cementerios clandestinos el gobierno duartista siempre mantuvo el tono de matizar las cifras de las víctimas encontradas.

Ya en el ocaso del sexenio de Javier Duarte, colectivos de familiares del puerto de Veracruz continúan con el apoyo de la Policía Científica «rascando» en la congregación de Santa Fe. Al cierre del mes de septiembre del 2016 han hallado 80 *narcofosas* con indicios «positivos» de restos óseos; con el análisis riguroso de apenas una decena de fosas por parte de las fuerzas federales, han brotado 34 cráneos y huesos correspondientes —según los mapas genéticos— a 31 personas distintas.

Con el apoyo de diócesis de la Iglesia católica, de la Policía Científica y de la Procuraduría General de la República (PGR), las madres de desaparecidos, agrupadas en el colectivo Solecito, han emprendido «campañas masivas de ADN» en ciudades como Veracruz, Boca del Río, Coatzacoalcos, Córdoba y Xalapa para apoyar con la identificación de los restos óseos encontrados en lo que ellas llaman «el cementerio delincuencial más grande en la historia de Veracruz».

Cifras oficiales de la Fiscalía General del Estado de Veracruz dan cuenta de que en la última década 2005-2015, mil 800 personas han desaparecido en Veracruz. Este periodo abarca dos sexenios: el de Fidel Herrera Beltrán y el que ha encabezado Javier Duarte hasta el día de hoy.

La revista *Proceso* logró documentar que tan sólo en los primeros cinco años del sexenio de Duarte hay 950 personas no localizadas, de las cuales 700 son jóvenes entre 17 y 27 años.

La narcopolicía de Duarte

Desde el inicio su sexenio, el priista Javier Duarte prometió un «manotazo enérgico en materia de seguridad pública» y nunca llegó. Al contrario, la colusión de policías con el narcotráfico, el involucramiento de comandantes policiacos con desapariciones forzadas y la colusión de cuerpos de procuración de justicia con líderes criminales fue más evidente. Los hechos y las estadísticas así lo refieren.

Una investigación que hizo el periódico *Crónica de Xalapa* revela, por ejemplo, que la PGR inició diligencias ministeriales contra 576 policía estatales de Veracruz por delitos contra la salud, específicamente *narcomenudeo*, tan sólo en la primera mitad del sexenio de Peña Nieto. Más aún, la propia PGR confirmó —gracias a la Ley de Transparencia— que del 2011 a 2015 se consignó en Veracruz a 24 policías estatales por el presunto delito de desaparición forzada.

En boletines de la Secretaría de Marina-Armada de México, del Ejercito Mexicano y de la Agencia de Investigación Criminal de la PGR se ha consignado que han sido «arraigados» o detenidos en requisa a policías estatales de Veracruz por «omisión de un deber legal», por ser sorprendidos en flagrancia con kilos de marihuana o por investigaciones ministeriales en las que aparecen incriminados por vínculos con los Zetas y el cártel de Jalisco Nueva Generación.

El más reciente escándalo que saltó a los medios internacionales fue el levantón y posterior asesinato de cinco jóvenes de Playa Vicente, quienes fueron intervenidos por policías estatales de la delegación de Tierra Blanca, al mando del comandante Marcos Conde y posteriormente entregados a una célula del cártel de Jalisco Nueva Generación (CJNG), presuntamente liderada por Francisco Navarrete Serna, hoy preso en el penal de máxima seguridad de Tepic, Nayarit.

Bernardo Benítez Arróniz, de 25 años de edad; su primo José Benítez de la O, de 24; Mario Arturo Orozco Sánchez, de 27; Alfredo González Díaz, de 25; y Susana Tapia Garibo, de 16 años, fueron asesinados, quemados, triturados en un molino de caña y tirados a un pequeño río que pasa por el rancho El Limón en el municipio de Tlalixcoyan, Veracruz. Este macabro multihomicidio dejó entrever cómo los policías de la Cuenca del Papaloapan están al servicio de la organización criminal de Jalisco Nueva Generación.

Ante la anarquía gubernamental y la inoperancia en la administración de Duarte, antes de que se confirmara la muerte de los cinco jóvenes, sus padres, liderados por Bernardo Benítez, decidieron lanzar un reto al crimen organizado y enviaron el siguiente mensaje en televisión nacional: «Yo ofrecí lo que ellos quisieran, y si querían yo me entregó con tal de que ellos regresen. Si nos debemos de entregar los cinco padres, lo haremos. Ya lo hemos platicado, sin remordimiento a nada ni a nadie, y lo que ellos (el narcotráfico) quieran. Si quieren a los cinco padres, los cinco nos entregamos».

En el sur de Veracruz, en Coatzacoalcos, la situación no es tan distinta, en marzo del 2016 cuatro jóvenes fueron levantados durante la madrugada en distintos eventos. Sus familiares, desesperados por la inacción de las autoridades, montaron un plantón en la carretera Coatzacoalcos-Minatitlán para exigir la aparición con vida de Fausto Isaac Cruz Aviña, Mario Antonio Ahedo Guillén, Jonatán Eduardo Guillén y Cristian Francisco Hernández; sus padres responsabilizaron del levantón a la Fuerza Civil, organismo policíaco de élite que creó el general Arturo Bermúdez Zurita, despedido al cierre del sexenio de Duarte por el escándalo que brotó tras descubrirse que poseía varias propiedades en Estados Unidos, particularmente en el Valle de Texas.

Los cuatro jóvenes aparecieron, días después, muertos en parajes carreteros en situaciones extrañas. La Fiscalía General del Estado jamás inició una diligencia en contra de los cuerpos policíacos señalados.

En Xalapa, Coatepec, Emiliano Zapata y Xico integrantes del Colectivo por la Paz Xalapa, Enlaces Familias Xalapa han documentado más de 70 desapariciones. En estos casos, la principal sospecha recae en la extinta Policía Intermunicipal Xalapa-Banderilla-Tlalnelhuayocan y la hoy Policía Estatal Acreditable.

Así es Duarte...

Al interior de la administración estatal, sus excolaboradores definen al priista Javier Duarte, como un «tirano que se reprimió a sí mismo» y agregan: «... visceral e inmaduro en sus decisiones». Con 42 años de edad cumplidos y con 15 años de trayectoria pública a la sombra del exgobernador Fidel Herrera Beltrán, Duarte es hoy el gobernador más cuestionado de la historia de Veracruz por sus escándalos a nivel nacional, por los asesinatos a reporteros, por la colusión del crimen organizado y por una deuda pública que ronda los 90 mil millones de pesos, por sus obsesiones por viajar a España y las pifias mayúsculas de los integrantes de su gabinete.

Duarte, de la nueva oleada de jóvenes mandatarios del Partido Revolucionario Institucional (PRI), se graduó en leyes en la Universidad Iberoamericana, es maestro Derecho, Economía y Políticas Públicas por la Fundación José Ortega y Gasset, de Madrid, España.

Duarte fue prensista, asistente, secretario particular, operador político, operador financiero y secretario de finanzas en el PRI y en el gobierno, siempre bajo el mando de Fidel Herrera, quien lo catapultó en el 2010 como candidato a gobernador.

En esos tres lustros en los que trabajó con Fidel Herrera, Duarte siempre se vio rodeado de otros jóvenes que políticamente fueron formados por el exmandatario Salvador Manzur (etiquetado hoy como mapache electoral a nivel nacional), Alberto Silva Ramos (vocero de Duarte y amigo de Pancho Colorado, preso en Estados Unidos por lavar dinero del crimen organizado), Jorge Carvallo (ex coordinador de la campaña de Peña Nieto en el 2012 en Veracruz) y Alfredo Gándara (eterno jefe de prensa de Fidel Herrera y exalcalde de Poza Rica) y que quince años después se convirtieron en la parte medular de su gabinete, junto con los propios amigos que fue cultivando Duarte.

Su separación política con Herrera y sus múltiples escándalos a nivel internacional, volvieron a Duarte intransigente a las críticas —en prensa y en redes sociales— por su estilo personal de gobernar, intolerante a que le exhiban las pifias en materia de seguridad y economía.

Con una inmadurez gubernamental exhibida a todas luces, el priista tuvo que enfrentar durante todo el sexenio una crisis de seguridad y de disputas entre cárteles del crimen organizado (Zetas y cártel de Jalisco Nueva Generación) y los resultados hoy hablan por sí solo: más de 7 mil homicidios en este sexenio.

En Veracruz han sido asesinados 19 reporteros, la mayoría de ellos víctimas de las pugnas entre células delincuenciales, en donde la administración estatal nunca pudo poner orden, y a quien se le cuestiona la inoperancia y la colusión de las filas policíawwcas con el narcotráfico; por ello, las cruces con las que carga el sexenio de Javier Duarte son Noel López Olguín de *Noticias de Acayucan;* Miguel Ángel López Velasco, Misael López Solana, Gabriel Huge y Yolanda Ordaz de *Notiver;* Guillermo Luna Varela de *Veracruz News;* Esteban Rodríguez de *Diario AZ* y Víctor Manuel Báez Chino de *Milenio,* Gregorio «Goyo» Jiménez de la Cruz de *Liberal del Sur;* Regina Martínez Pérez y Rubén Espinosa Becerril, corresponsales de la revista *Proceso* en Veracruz; Moisés Sánchez Cerezo de *La Unión;* Armando Saldaña de la *Ke Buena* en Tierra Blanca; Manuel Torres, *freelance* en Poza Rica; Juan Santos Cabrera, excorresponsal de Televisa en Orizaba y presunto vocero de los Zetas en la región, y Anabel Flores Salazar, colaboradora de *El Buen Tono* y de *El Sol* de Orizaba.

Por todos estos asesinados, Duarte y su gobierno se han ganado el repudio de organismos internacionales y de derechos humanos. Peor aún: la impunidad en la que va quedando cada asesinato sigue generando más escozor e irritación entre los organismos internacionales que defienden la libertad de expresión.

El gobierno de Javier Duarte de Ochoa terminó en medio del escarnio, la repulsa y el descrédito. Después de seis años en los que el crimen organizado hizo de las suyas y su equipo cercano se enriqueció a manos llenas, sin medida, sin límites cual mafia en el poder. Lo que sigue para el exmandatario veracruzano es la cárcel, ha dicho el gobernador electo Miguel Ángel Yunes Linares, quien también carga en su haber una larga historia de cuestionamientos desde que fue secretario general de Gobierno en la administración de Patricio Chirinos.

Duarte y sus colaboradores han recurrido al amparo como una medida para evitar ser encarcelados; en la Cámara de Diputados se inició un proceso de desafuero y juicio político que no podrá concretarse por el corto tiempo que ya falta para que concluya su gobierno. Al cierre de este libro quedaban menos de dos meses para que finalizara la gestión duartista.

Lo que está aflorando en cascada son los pasivos que deja Duarte de Ochoa al concluir su sexenio: deudas multimillonarias que no se alcanzarán a cubrir, protestas por todas partes, balaceras, muertes, desapariciones... En suma, una verdadera ruina política, social y económica.

Los hospitales están abandonados y sin medicamentos, jubilados y pensionados exigen sus pagos a tiempo, miles de maestros piden, por igual, que les cubran sus salarios, en tanto que una inmensa lista de empresarios y proveedores, a quienes adeudan cantidades multimillonarias, exigen mediante marchas y protestas que el gobierno de Javier Duarte les pague lo correspondiente por los contratos contraídos y trabajos realizados.

De acuerdo con las cifras más discretas, la deuda que Javier Duarte deja a Miguel Ángel Yunes Linares alcanza —conservadoramente— unos 100 mil millones de pesos; se trata de un pasivo que en el que se incluyen diversos rubros y cuyos recursos —en su mayoría provenientes de la Federación— no fueron utilizados en los programas sociales ni se inyectaron en los proyectos para los que estaban destinados.

Lo que ya se investiga es que una parte de esos recursos —70 mil millones de pesos, aproximadamente— fueron desviados del erario a través de empresas fantasmas de amigos y compadres, cuyos domicilios fiscales resultaron falsos, según confirmó el Servicio de Administración Tributaria (sat), pues con base en las investigaciones se estableció que las empresas sólo sirvieron de «fachada» para disponer de los fondos públicos.

Mientras el saqueo a manos llenas se ejecutaba en las arcas del erario, en los hospitales la gente se moría por falta de atención médica y de medicamentos; el campo está completamente depauperado, la pesca en bancarrota y la industria azucarera, en otro tiempo orgullo de Veracruz, está quebrada y con miles de obreros despedidos.

Durante el gobierno de Duarte no se construyeron obras emblemáticas, por lo que la economía no se detonó y Veracruz actualmente enfrenta los estragos de una crisis económica, que ha desatado los más elevados índices de delincuencia jamás vistos en la entidad desde el gobierno de Agustín Acosta Lagunes, en cuyo sexenio matar se convirtió en un deporte nacional. El gobierno de Duarte ya lo superó: el narcotráfico se enquistó en la entidad con la complacencia de políticos —alcaldes, diputados y altos funcionarios del gobierno— y ahora el territorio veracruzano se convirtió en tierra de nadie y en un campo de batalla del crimen organizado, igual que Sinaloa, Tamaulipas o Nuevo León, feudos del narcotráfico.

Sin embargo, hasta ahora, la impunidad reina entre el equipo duartista a pesar de los escándalos que los vinculan con la corrupción más atroz que ha vivido esa entidad. Uno de sus hombres de confianza, Vicente Benítez, actual diputado local electo por el Partido Nueva Alianza, pasó de ser un «carga maletas» a un hombre millonario con múltiples propiedades en Costa Rica.

Benítez era quien se encargaba de repartir pagos —embutes, pues— a reporteros durante la campaña de Javier Duarte. Se afirma que cada vez que pagaba a un reportero, éste solía pedirle al comunicador buen trato y, sobre todo, que «cuidara» la imagen del candidato priista.

En el año 2012 Benítez fue detenido en el Aeropuerto Internacional de Toluca, Estado de México, minutos después de arribar a esa terminal aérea con 25 millones de pesos en efectivo. El recurso había sido transportado desde la ciudad de Xalapa al Estado de México. En un principio, se dijo que el dinero era para la campaña del entonces candidato priista Enrique Peña Nieto, aunque después oficialmente se dio otra versión: que se trataba del pago para una empresa que en ese año organizó los eventos de la Cumbre Tajín y los festejos de la virgen de la Candelaria, en Tlacotalpan, Veracruz.

Los dos últimos seis meses de gobierno de Javier Duarte fueron de angustia. Entre sus excolaboradores cercanos —quienes solicitaron a este reportero el anonimato para evitar represalias—, los de mayor confianza y a quienes luego sacó del gobierno, se afirma: «A Javier Duarte lo traicionaron quienes decían ser sus amigos, lo dejaron solo porque creyó en quienes después le dieron la espalda. A los amigos y colaboradores que trabajaron con él y le cumplieron en los objetivos trazados, los hizo a un lado y se rodeó de una camarilla de rateros y funcionarios ligados con personajes del narcotráfico que luego se hicieron diputados para tener fuero y así evitar que los persiga la justicia. Hoy ese grupo lo abandonó a su suerte».

—¿A eso se atribuye la debacle de su gobierno? —se les pregunta.

—Él no supo gobernar, le faltó sensibilidad, inteligencia y tener colaboradores eficaces y leales. Tuvo todo para ser un gran gobernador, pero lo mareó el poder y enloqueció entre el dinero, la hipocresía de sus amigos falsos y sus excesos. No sabía que el poder era prestado, que no era para siempre y que algún día se le revertirían sus fallas. Confió en corruptos, narcos (ahora con fuero) y en toda una camarilla de bandidos que le dieron la espalda.

La debacle gubernamental se convirtió en el gran aparato publicitario que el 5 de junio de 2016 llevó al triunfo a Miguel Ángel Yunes Linares, el candidato de la coalición PAN-PRD, quien selló un compromiso social con los veracruzanos: encarcelar en cuatro meses a Javier

Duarte de Ochoa y gestionar «la devolución de todo lo robado», así lo confirmaba el *slogan* de campaña, o su promesa central, pero la ruta legal parece accidentada en Veracruz, pues Duarte y sus presuntos cómplices se han blindado ante cualquier eventualidad con la ley.

La única vía que parece despejada es la federal y en este terreno su posible encarcelamiento sólo dependería de la decisión del presidente Enrique Peña Nieto, quien meses atrás, por cierto, se habría negado a meter a la cárcel a los gobernadores que cayeron en capilla por sus actos de corrupción. Fue el caso de los exmandatarios de Chihuahua y Quintana Roo.

Yunes Linares interpuso denuncias en contra de Duarte y cómplices ante la Procuraduría General de la República; lo mismo sucedió en la Auditoría Fiscal de la Federación por desvío de recursos federales. Yunes acusó a Duarte de enriquecimiento inexplicable y Duarte, a su vez, también denunció a Yunes ante la pgr por poseer una fortuna descomunal que, según él, amasó siendo servidor público.

Yunes Linares fue secretario general de Gobierno de Patricio Chirinos, donde de facto ejerció como gobernador, pues Chirinos se mantenía ausente de Veracruz —se la pasaba en Los Pinos con su amigo Carlos Salinas— y durante ese periodo alcanzó fama de represor por ejercer el poder con exceso de fuerza, sobre todo en contra de los correligionarios del Partido de la Revolución Democrática (prd), cuyo bando ahora lo apoyó como parte de la colación pan-prd para destronar al pri en Veracruz, donde se mantuvo como un partido hegemónico durante más de 80 años.

Mientras los priistas tratan de acomodarse en el nuevo esquema de gobierno que a partir del 1 de diciembre de 2016 encabezará Yunes Linares, arrecian las voces que sostienen que los Yunes gobernarán ocho años: dos Miguel Ángel y seis su hijo Fernando Yunes, actual senador de la república, pues para muchos resulta claro que ese proyecto se impondrá desde el poder mismo.

Buscarán —por el PRI— la gubernatura José Yunes Zorrilla, actual senador y presidente de la Comisión de Hacienda, así como Héctor Yunes Landa, quien también funge como senador y es parte de la misma parentela.

El escenario que enfrentará Yunes Linares a partir del 1 de diciembre de 2016 no es nada halagüeño: cargará con una deuda histórica de 100 mil millones y, según el diagnóstico de la seguridad en Veracruz, todo el territorio está controlado por el cártel de Jalisco Nueva Generación y los Zetas, por lo que Yunes Linares llegará maniatado al poder y a encabezar un verdadero cogobierno con el crimen organizado, cuya ley —muerte y sangre— por ahora manda en Veracruz.

EN
**MANOS
DEL
NARCO**
de Ricardo Ravelo
se terminó de imprimir y encuadernar en noviembre de 2016
en Programas Educativos, S. A. de C.V.,
calz. Chabacano 65 A, Asturias, CX-06850, Ciudad de México